Young French Architects
Jeunes Architectes Français

Corinne Jaquand-Goddefroy   Claus Käpplinger

Young French Architects
Jeunes Architectes Français

Birkhäuser
Basel · Berlin · Boston

Translation from French into English/
Traduction Français-Anglais:
Sarah Parsons, Paris

Translation from German into French/
Traduction Allemand-Français:
ÜMS, Berlin

Translation from German into English/
Traduction Allemand-Anglais:
Susanne Schindler, Berlin

Documentation/Documentation
Yves Arnod & Isabel Hérault, Laurent + Emmanuelle
Beaudouin, Pierre du Besset & Dominique Lyon, Frédéric
Borel, Florence Lipsky + Pascal Rollet, R, DSV & Sie.P,
Tectoniques:
Corinne Jaquand-Goddefroy, Paris

Documentation/Documentation
Avant Travaux, Marc Barani, Brochet-Lajus-Pueyo,
Manuelle Gautrand, LabFac - Finn Geipel & Nicolas
Michelin, Nasrine Seraji, Tetrarc:
Claus Käpplinger, Berlin

Library of Congress Cataloging-in-Publication Data
Jaquand-Goddefroy, Corinne. Young French
architects = Jeunes architectes français /
Corinne Jaquand-Goddefroy, Claus Käpplinger.
ISBN 0-8176-6045-3 (alk. paper). –
ISBN 3-7643-6045-3 (alk. paper)
1. Architectural firms –France. 2. Architecture, Modern –
20th century – France. I. Käpplinger, Claus. II. Title.
III. Title: Jeunes architectes français.

Deutsche Bibliothek – Cataloging-in-Publication Data

Jaquand-Goddefroy, Corinne: Young French
architects / Corinne Jaquand-Goddefroy and
Claus Käpplinger. [Transl.: Sarah Parsons ...]. –
Basel ; Berlin ; Boston : Birkhäuser, 1999

ISBN 3-7643-6045-3 (Basel ...)
ISBN 0-8176-6045-3 (Boston)

© 1999 Birkhäuser Verlag, P.O.Box 133,
   CH-4010 Basel, Switzerland

Printed on acid-free paper produced
from chlorine-free pulp.

Layout and cover design:
Martin Schack, Dortmund

Printed in Germany

ISBN 3-7643-6045-3
ISBN 0-8176-6045-3

9 8 7 6 5 4 3 2 1

Corinne Jaquand-Goddefroy
An Unassuming Generation

The young French architectural scene, stamped with change and fragmentation, does not lend itself easily to analysis. Ten years have passed since the major «Mitterand era» projects, which saw personalities such as Dominique Perrault, Jean Nouvel and Christian de Portzamparc taking up position on the international stage. The young architects who have stepped into their shoes are more unassuming, although this is by no means due to any lack of know-how in handling images and speech as competently as their elders. While some have become leading references in architecture schools, today's scarce demand for large edifices has clearly had a dampening effect on their impact.

The competition system – a point in their favour up until now – is tailing off. Set up in France in the late seventies, it served to break through the monopoly held by several large practices, thereby enabling young architects to access a greater number of public commissions. This opening was further broadened by the law passed in 1981 – 1983 on regional decentralization, which delegated urban planning and construction of local facilities to municipal authorities.

The various thresholds to be crossed were plainly marked out by a whole series of pointers designed to guide architects in their competition tenders. In line with the 1977 French law relating to contracting authorities, these bids were presented in the form of sketches bearing the architect's name, in return for which a fee was paid. The Ministry for National Infrastructures brought out a yearly publication entitled *Albums de la Jeune Architecture*, devoted to several teams of débutant architects, and in 1972, launched the PAN ideas competition (Plan d'Architecture Nouvelle), reserved for architects under forty years old. This initiative was taken up in other European countries, leading to the creation of «EUROPAN». Other organizations jumped onto the trendy «youthism» bandwagon – the Le Moniteur trade journal started the tradition of a Best Work award, and in 1991 the French Institute of Architecture (IFA) organized a show featuring 80 young architects, half of whom were based in Paris and the remainder in the provinces. Dominique Perrault, Ibos Vitart and Jourda & Perraudin participated in this «40 under 40» exhibition, presented at the Venice Biennale, Germany, the US and Japan. Although the limited selection of participants was contested by some, the event was nevertheless considered by many public bodies as a showcase that helped boost young French architecture abroad.

In parallel, the French government set up several training/consulting institutions in 1978, designed to assist public contracting authorities with promoting the quality of buildings; these included the CAUE regional committees on architectural, urban and environmental issues, and the national MICQ inter-ministerial project team assigned with monitoring the quality of public buildings. Their role was all the more important given that, in accordance with French legislation, the contracting authority had the final say in the jury's decision. A large number of towns and cities opened up to new talents. Paris City Council, for example, created the Pavillon d'Arsenal exhibition space, which rapidly became the hub of new architecture, attracting social housing property developers. The outgrowth of this was that several private sector developers (habitually unwilling to commission relatively unknown architects), modelled their competition procedures on state ones, opting for quality. Every year the Contracting Authority Association (AMO) picks out an exemplary scheme, and often wins fame through young practices.

However, since the mid-nineties, the promotion of young architects has taken a sluggish turn. Publicly-funded housing projects – the customary springboard – have fallen off in large French cities, especially in Paris. State and regional authorities have recently wound up their last major programmes for schools and universities, including «University 2000», which gave rise to some original designs. Public commissions have taken on a more modest scale – rehabilitating/extending already existing facilities and large housing blocks; developing the road network and public transport, such as motorway service areas; redefining public spaces at city entrance points, and requalifying suburban districts and new urban tramway lines.

The Generation Effect

The economic context is not solely responsible for the difficulties encountered by young architects. Their predecessors (only ten or twelve years older) are unquestionably blessed with greater charisma. Born in the after-war period, many of them got the hang of debating their opinions and sharpening their rhetorical skills during the events of May 1968, in their campaign for reforming the Fine Arts teaching system and abolishing the workshop set-up. The academic establishment has been replaced by a more subtle form of domination that leaves little room for young people in institutions and the debating forum. To make up for their lack of built works, which closes the door to them on competitions, some young architects have called for open, anonymous competitions, even if this means foregoing fees. But they have come up against stiff opposition from trade syndicates. The French architectural scene would therefore appear to be locked in a catch twenty-two situation.

Centralized decision-making in Paris is something that young architects from the provinces complain most about. They say it's an uphill struggle winning commissions in regions other than their own. Those who have managed to get published wryly refer to the «high-speed train approach» adopted by the extremely Parisian architectural press, which hardly ever takes the time to venture off the beaten track and pay provincial practices a visit. And yet the facts reveal that being estranged from the capital is not necessarily a bad thing. Young architects don't come off too badly if their region is in sound economic health and boasts a good public contracting authority. Regional expansion has spawned new hubs of architectural exhibitions and thought, whose premises are often located on national heritage sites steeped in symbolic references. Apt examples are the Arc en Rêve centre that sits in a former Bordeaux wine storehouse, the Thomas More centre near Lyon, housed in Le Corbusier's Couvent de la Tourette, and the Arc en Senans building in Ledoux's saltworks near Besançon. Not to mention the important role played by a number of contemporary art museums, such as Grenoble, Lille, Orléans and Nice. Several provincial architectural schools, whose professors include well-known architects, likewise contribute towards enhancing the value of the profession.

Back to Basics

Despite their more unassuming air, today's young architects are triggering a real turning point in architectural creation. Their outlook on modern technology is much more nuanced and breaks with university spiels about industrial high-tech. Instead of rushing into innovation at any price, they exchange addresses of good construction firms with a view to ensuring structural quality. The «immateriality» of glass, formerly a number one favourite in official programs, is being ousted by back-to-basic materials. More opaque components, such as wood, copper and steel are back in vogue, all subject to an ageing process. Light remains a testing ground in its own right, but cheaper synthetic elements with translucent qualities, such as polycarbonate, have overtaken glass to become the «in» products.

This revival of basic materials is often rooted in the practice of other art forms, such as photography, sculpture and theatrical installations. While «Image» architecture of the 1980s sought visual impact, more recent works also appeal to the other senses. User-friendliness, coupled with sound and heat insulation seem to have made a comeback. What's more, today's generation, marked by the information technology revolution, has paradoxically cultivated a certain *raison d'être* in its conceptual use of the scale model.

While their projects often hinge on revitalizing urban outskirts, they do not claim that they alone can restore a strong sense of identity to these places. Naturally, opposing standpoints arise, such as the two Parisian architects Frédéric Borel and Dominique Lyon, one advocating singularity and architectural whims, and the other championing ordinary, blithe modernity. But most have chosen not to opt for controversy or the radical. Yves Arnod meaningfully summarizes his stance by «neither nor» – neither Venturi-like distortions of image, nor a Rem Koolhaas proving ground. The main focal point has once again shifted to the site's relationship with its landscape, just like urban architecture a few years back, to the extent that in Roche, DSV & Sie.P's theoretical works it becomes the very matter and form. In short, this is a generation exploring the uncertainties of the new millenium.

Corinne Jaquand-Goddefroy
Une génération discrète

Mouvante et éclatée, la jeune scène architecturale française ne se laisse pas facilement saisir. Dix ans après les grands projets de l'ère Mitterrand, qui ont vu émerger des personnalités d'envergure internationale comme Dominique Perrault, Jean Nouvel ou Christian de Portzamparc, la relève des jeunes architectes se fait plutôt discrète. Pourtant, ce n'est pas faute de savoir manier comme leurs aînés l'image et le discours. Quelques-uns sont devenus des références incontournables dans les écoles d'architecture, mais ils sont loin de bénéficier du même écho, à une époque où la construction des grands édifices s'est raréfiée.

Le système des concours, qui leur était jusqu'ici favorable, s'essouffle. Mis en place en France à la fin des années soixante-dix, il avait permis de briser le monopole dont jouissaient alors quelques grandes agences et de faire accéder plus largement les jeunes architectes aux commandes publiques qui se multiplièrent avec la décentralisation territoriale qui délégua à partir de 1981–1983 aux communes l'urbanisme et la construction des équipements locaux.

Les étapes à franchir pour eux avaient été balisées par toute une série de distinctions destinées à leur servir de références pour soumissionner aux appels d'offre des concours tels que la loi MOP (Maîtrise d'Ouvrage Publique) de 1977 les avaient définis, c'est à dire restreints, sur esquisse, non anonymes et rémunérés. Le Ministère de l'Équipement publiait annuellement l'œuvre de plusieurs équipes débutantes dans les «Albums de la Jeune Architecture» et avait lancé, en 1972, les concours d'idées du «PAN» (Plan d'Architecture Nouvelle) réservés aux architectes de moins de quarante ans, initiative qui fit des émules dans d'autres états européens et déboucha en 1989 sur la création de l' «EUROPAN». D'autres organismes jouaient la carte du «jeunisme» alors en pleine vogue. La revue professionnelle du Moniteur se mit à décerner annuellement le «Prix de la première œuvre». En 1991, l'Institut Français d'Architecture – IFA monta une exposition sur 80 jeunes architectes, la moitié établie à Paris et l'autre en Province, qui fut montrée à la biennale de Venise, en Allemagne, aux USA et au Japon. Parmi cette liste des «40 de moins de 40 ans», on trouvait Dominique Perrault, Ibos Vitart, Jourda & Perraudin. Son choix restreint fut parfois contesté, mais elle constitua pour beaucoup de collectivités publiques un vivier d'architectes et contribua au rayonnement de la jeune architecture française à l'étranger.

Parallèlement, l'État français mettait sur pied en 1978 plusieurs organismes de conseil et de formation auprès des maîtres d'ouvrage publics pour promouvoir la qualité des constructions: au niveau départemental, les CAUE (Conseil d'Architecture d'Urbanisme et de l'Environnement)et, au niveau national, la MICQ (Mission Interministérielle pour la Qualité des Constructions Publiques). Leur rôle s'avérait d'autant plus important que, selon la réglementation française, la voix du maître d'ouvrage avait force de loi dans la décision du jury. Dans de nombreuses villes, la maitrise d'ouvrage publique s'ouvrit à de nouveaux talents. Le Pavillon d'exposition de l'Arsenal de la Mairie de Paris devint la ruche de la nouvelle architecture où puisèrent les sociétés de logements sociaux de la capitale. Par effet d'entrainement, certains promoteurs du secteur privé, qui rechignaient traditionnellement à prendre le risque d'architectes peu connus, calquèrent leurs procédures de concours sur celles du public et s'engagèrent vers la voie de la qualité. Leur Association pour la Maîtrise d'Ouvrage – AMO distingue ainsi tous les ans une réalisation exemplaire en matière de bureau et d'activités, où bien souvent s'illustrent de jeunes équipes.

Mais depuis le milieu des années 90, la promotion des jeunes architectes est devenue plus difficile. Le logement social, leur traditionnel tremplin dans les grandes villes de France, en particulier à Paris, accuse une baisse sensible de ses activités. L'état et les régions viennent de clore les derniers grands programmes scolaires et universitaires, dont celui de l'»Université 2000» où certains ont pu s'exercer de manière originale. La commande publique s'oriente dorénavant vers des interventions plus modestes: réhabilitation et extension d'équipements existants ou de grands ensembles d'habitation ; projets liés à l'aménagement du réseau routier et des transports en commun, haltes d'autoroutes, redéfinition des espaces publics aux entrées de villes, dans les traversées de bourgs ou sur le trajet des nouveaux tramways urbains.

Effets de génération

Le contexte économique n'explique pas à lui seul les difficultés que rencontrent les jeunes architectes. Leurs prédécesseurs, qui n'ont que dix ou douze ans de plus, font incontestablement preuve d'un charisme plus grand. Nés dans l'après-guerre, beaucoup se sont rodés aux débats d'idées et ont aiguisé leurs armes réthoriques dans le contexte de mai 1968, en militant pour la réforme de l'enseignement des Beaux-Arts et la suppression du système d'ateliers. Depuis le mandarinat, qui régissait les relations entre les anciens et les nouveaux, a été remplacé par une forme plus subtile de domination qui laisse peu de place aux plus jeunes dans les institutions et les débats. Pour pallier le manque de références construites qui leur ferment les portes des concours, certains jeunes architectes ont réclamé l'organisation de concours ouverts, anonymes quitte à être non rémunérés, mais ils se heurtent à l'opposition des syndicats professionnels. La scène architecturale française semble donc bien souffrir d'un certain complexe de Saturne.

La centralisation des lieux de décisions à Paris est un phénomène dont se plaignent plus particulièrement les jeunes architectes de province. Il leur serait plus difficile, disent-ils, d'accéder à la commande dans d'autres régions que la leur. Certains d'entre-eux mentionnent avec humour la «critique TGV» exercée par la presse architecturale très parisienne qui prend rarement le temps de fouiner loin des sentiers battus et de venir leur rendre visite sur place. Pourtant, force est de constater que l'éloignement de la capitale n'est pas toujours défavorable à la créativité ou au carnet de commandes. Si leur région se porte bien

économiquement, qu'elle est animée par une maîtrise d'ouvrage publique de qualité les jeunes architectes de province ne s'en portent pas plus mal. L'ouverture régionale a fait naître de nouveaux foyers de nouveaux centres d'exposition et de réflexion sur l'architecture installés souvent dans des lieux patrimoniaux, riches de symboles, comme Arc en Rêve qui occupe les anciens chaix de Bordeaux, le centre Thomas More près de Lyon, abrité dans le couvent de la Tourette construit par Le Corbusier, Arc en Senans dans les Salines de Ledoux près de Besançon. À celà s'ajoute le rôle joué par les musées d'art contemporain de Grenoble, Lille, Orléans et de Nice. Certaines écoles d'architecture de province où enseignent des architectes de renom contribuent à cette valorisation de la profession.

Retour à la matière

Malgré leur aura plus discrète, les jeunes architectes d'aujourd'hui sont en train d'opérer un véritable tournant dans la création architecturale. En rupture avec les discours universalistes sur le high-tech industriel, ils défendent des postures beaucoup plus nuancées vis-à-vis de la modernité technologique. Au lieu de se lancer dans l'innovation à tout prix, on s'échange les bonnes adresses d'entreprises pour s'assurer en premier lieu de la qualité d'exécution et de la pérennité des bâtiments. L'architecture «immatérielle» de verre, qui avait fait recette auparavant dans les programmes officiels, fait place à un retour à la matière. Souvent, ils ont recours à des matériaux plus opaques, qui, comme le bois, le cuivre ou l'acier trahiront l'effet du temps. La lumière reste un domaine de recherche à part entière, mais plutôt que le verre, ce sont les produits synthétiques meilleur marché comme le polycarbonate qui deviennent en vogue pour leurs effets de translucidité.

Ce regain pour la matière puise souvent ses sources dans la pratique des autres arts plastiques. La photographie, la sculpture, les installations scéniques se retrouvent dans le parcours de bon nombre d'entre eux. Alors que les effets visuels prédominaient dans les architectures d'image des années quatre-vingt, les réalisations plus récentes ne négligent pas de satisfaire la perception des autres sens. Le confort, les ambiances acoustiques ou thermiques agréables semblent être revenues au goût du jour. Et cette génération, marquée par la révolution informatique, cultive paradoxalement une raison d'être professionnelle dans l'usage conceptuel de la maquette.

Souvent confrontés aux franges urbaines dans leurs projets, ils ne prétendent pas à eux seuls y réinstaurer une identité forte. Bien sûr un monde oppose deux architectes parisiens comme Borel et Lyon, l'un qui défend la singularité et l'arbitraire de l'architecte et l'autre la fabrication d'un ordinaire heureux moderne. Mais la plupart n'opte pas pour l'expression polémique et radicale. Arnod résume significativement sa position par le «ni ni»: ni Venturi et ses détournements d'image, ni Rem Koolhaas et ses expérimentations systématiques. Les prises de positions théoriques sur le site s'opèrent d'abord dans la relation au paysage qui à l'instar de l'architecture urbaine il y a quelques années est devenu la référence projectuelle principale jusqu'à devenir dans les travaux théoriques de Roche, DSV & Sie. P la matière même et la forme. Reflets d'une génération qui explore les incertitudes du nouveau millénaire. Une génération à suivre …

Claus Käpplinger

A View from Abroad: Architecture is Dead – Long Live the Architectures!

The Grand Projets of François Mitterand's presidency (1981–1995), thanks to which architecture attained a previously unknown popularity. They not only changed the architectural landscape of France, they, focused international attention on a country that had not been central to architecture since the world's Fairs, Le Corbusier and the Centre Pompidou. At the close of the twentieth century, it was a unique venture to give once more symbolic expression to state power in the explicit use of monumental buildings. Concentrating on the capital city and often connected to the redesign of entire neighbourhoods, Paris became, next to Barcelona, the city of the 1980s. It experienced an unexpected boom, and the number of visitors surged from around 8 million in 1986 to more than 13 million in 1992.

The city was transformed into a stage for rapidly changing large-scale events, and the architect turned into a media star. Both were addressing not only a national audience, but wanted to attract world resonance. For the first time, the Grands Projets broadly opened French building culture to foreign architects. La Grande Arche by Danish architect Johan-Otto von Spreckelsen, or the reorganization of the Louvre by American Ioh Ming Pei, show that it was not the minor projects that were being realized by foreigners.

On the other hand, a new generation of French architects was being recognized by a wider, an international public. It was a generation that had been promoted by the state-sponsored competition programme PAN (Plan d'Architecture Nouvelle), launched in the 1970s, and therefore had significant professional experience at a young age. In 1989, then, in addition to the architects of the Grands Projets, in addition to Jean Nouvel, Dominique Perrault, Christian Potzamparc or Francis Soler, it was not difficult for the Institut d'Architecture Français to present forty French practices in the now famous exhibition «40 sous 40». Besides being distinguished by the high quality of their work, the architects were all below the age of forty.

Just a decade later, the task of selecting young French architects is by far more difficult. On the one hand, PAN no longer exists. It has become EUROPAN, a programme for the promotion of young architecture in Europe, which may generate a lot of publicity, but chances for realization are slim. On the other hand, France was hit by a serious real estate crisis in the early nineties, which substantially reduced the number of construction projects, and made it difficult particularily for young architects to open their own pratice. The crisis lasts to this day, as does the withdrawal of the state from its role as an active building patron in neoliberal times. Young architects in Europe, however, still rely strongly on the state as a client.

Dominique Perrault:
National Library of
France

Dominique Perrault:
Bibliothèque nationale
de France

The original age limit of forty, therefore, proved to be untenable in selecting young French architects today. At the close of the century, very different than in 1989, to reach a representative selection of architects who had already built and could legitimately claim national significance, one was forced to cut at forty-five. While this age limit was somewhat arbitrary, it tried to avoid over-stretching the certainly questionable term «young architects». Inevitably, many older architects were excluded from the selection, as were Dominique Perrault, Rudy Ricciotti, Pierre Lafon & Marion Faunières, Jacques Audren & Patrick Schlumberger, Odile Decq & Benoît Cornette or Françoise Jourda & Gilles Perraudin, who are often still thought of as young French architects abroad. And many significantly younger architects were also excluded, architects who may have one or another respectable project to show for, but who often, due also to changing professional partnerships, have an oeuvre that is too narrow and does not yet present a sufficient basis for a distinct architectural profile. It is more difficult than ever to even speak of a clearly defined generation of young architects. Everything, it seems, is in constant flow today. In the nineties, after modernism, postmodernism and neomodernism, in France, like in many countries, classification according to defined architectural movements has collapsed. Besides Henri Ciriani's certainly intelligent «neomodernist school», which tries to continue Le Corbusier's formal vocabulary, plasticism and plan libre in a complex and strict manner, there is hardly a noteworthy link to an «architectural father» in France today.

Neither totally new, nor clearly dependent on a dominant teacher, young architects move in their own way. When, nevertheless, they repeatedly cite Jean Nouvel, Jacques Hondelatte or Architecture Studio, it is often in an affinity for the attitude rather than for the credo. Most want to be unconventional, free of all ideology, always aiming for highly individual solutions.

The architects of the nineties, who neither want to be nor can be lumped into any particular group, act pragmatically and with pleasure. For no social upheaval such as the events of '68, no cultural or social movement is carrying them. They are, instead, increasingly solitary fighters confronted with a difficult economic climate, the loss of social coherence, blind vandalism and urban chaos.

Gone are the heroic times of the foundation of new cities, the time of the President's Grands Projets, even the time of the many little Grands Projets with which, even in the early nineties, many of the «princes des provinces», the provincial princes, the mayors and presidents of the newly founded regions, tried to emulate their «roi presidentiel», their presidential king. Take, for instance, the Euralille project of socialist patriarch Pierre Mauroy, for whom Dutch architect Rem Koolhaas developed a widely noted urban development scheme. While other large French cities contented themselves with building new exhibition or congress centres, the intention in Lille was to create a far more ambitious service centre of European standing. In its euphoria of mobility, connected to the French high-speed train network (TGV), it postulated the inevitable need for the foundation of a new economic power-centre resulting from the geographically suitable location in the Paris-Brussels-London triangle. The plan literally fell through because of itself. The attempt to relocate contemporary mobility to a peripheral place failed. Today, in the face of the shorter travel times, executives in comfortable leather seats with laptop connections simply pass Lille on the way from Paris to Brussels or London. The «city of the future» is empty, remains a fragment, and a very expensive one at that, threatening to economically drain historic Lille. Perhaps the last great attempt at an explicitly designed city in the twentieth century is a failure, just like Mitterand's last and perhaps most grandiose project, the Bibliothèque nationale de France,

whose monumental rigidity is causing never-ending conflicts for everyday use.

In any case, the pathos and scale of both projects alienate many young architects today who admire only the organizational feat. The architects who began their own work in the nineties needed to learn, more than their predecessors did, to fit into spaces between, to find unoccupied niches. Dealing with existing buildings, the reorganization or extension of historic structures, or the rehabilitation of traffic sites or buildings in large housing estates has become central. Architectural interventions now happen on a far smaller scale, and have to be realized with substantially reduced budgets in extremely precarious situations. Infiltration and implantation, enveloping and subverting are the limited range strategies mainly used today. They try to create a maximum of spatial diversity and sensual wealth despite limited means and possibilities. The insistently demanded right to an unmistakable individuality finds its adequate expression here, clearly in opposition to a world of widespread helplessness and repetition. Social space is condensed into an aesthetic phenomenon, into rapidly alternating image-sequences of largely empty spaces, free of function, and into apparently monolithic envelopes that demand personal appropriation.

Only a few architects, for instance Nasrine Seraji in Paris, or Anne Lacaton and Philippe Vassal in Bordeaux, directly address social problems beyond the specific project. With an architecture of shortage, stressing simple materials and heavily unit-built structure, Lacaton & Vassal in particular confront building at the existential minimum. Having worked with the homeless and living conditions in the Third World, they create simple single-family houses or university buildings. With materials that seem poor or even banal, polyester board for instance, they lend their buildings unexpected design qualities. In prallel to the success of French landscape architects who have, over the past 15 years, continuously gained more competence and renown, elements of nature are increasingly becoming a part of built form, as lucid quotations of things lost, the wild and the unplanable, refusing any causal determination of purpose and rigidity. This new «Eco-Architecture» is over-designed, artificial and immediate. François Roche as its theoretician in the Internet and Édouard François and Duncan Lewis as its magicians are influential far beyond their built projects in the young architecture scene. The repeated use of bamboo in many designs of the nineties is only the tip of a matter that has grasped French architecture. It is ecology à la française, only partially related to similar tendencies in Japan or the Netherlands. Nature here becomes one more area of study, pleasure and design for architects. With few means it offers many new possibilities of pictorial communication.

Ecology as a structural and energetic challenge, however, is only gradually spreading in French architecture. The distance to manufacturers, as well as the traditionally large divide in competence between architects and engineers may partially explain why technological innovations are quite rare among young architects, despite their large interest in new materials. The German-French architectual practice LabFac, Finn Geipel and Nicolas Michelin, is an exception. Unlike most other young offices, they are dedicated to the experimental study of complex and flexible systems of space that try to integrate energy efficiency and life-span into the design process. Like few other young architects, they are also working towards a clearly defined programmatic theory, which does not culminate in the individual building, but tries to grasp urban scale, while also explicitly referring to the avant-garde architecture of the 1960s.

But other young architects, more so on the periphery than in the capital, are slowly approaching the problem of a sustainable building incorporating the structural system, which is still fairly new to France. It is interesting that Lyon stands out here. Architects Jourda & Perraudin, who formerly worked in Lyon, clearly have adequate, if not direct descendents in the office of Tectoniques and Manuelle Gautrand, who in the meantime works out of Paris. The architects at Tectoniques have created interesting structural solutions with wood, a material increasingly used in France as an attractive and affordable envelope. Manuelle Gautrand efficiently and structurally takes up the idea of naturally climatized hall volumes where the core spaces are simply set within, and finds surprising qualities in materials such as polycarbonate. In contrast, the architectures of Yves Arnod and Isabel Herault in Grenoble, and Marc Barani in Nice, are sculptural and entirely directed toward the discovery of space and surface.

Although very different, their buildings share an exceptional choreography of movement in endless-seeming spaces of tactile materiality, chosen for aging, meant to gain patina. With Arnod & Hérault it is mainly metal, such as copper or oxidized iron plate, with Barani it is concrete that has been virtuously worked and almost has the qualilty of rough stone. It is not revolt or tabula rasa which is driving many young architects. Rather, like Barani in Nice or the Beaudouin couple in Nancy, they clearly believe in continuity in building. In the sense of the Norwegian architecture theorist Norberg-Schulz, they are committed to creatively working with the «genius loci».

The search for different materials, for new sensual surfaces as skins and information-carriers seems to be common to almost all of the architects of the nineties. They want to create surprising scenarios, but for financial reasons most cannot be virtual à la Jean Nouvel or the Swiss architects Herzog & de Meuron, who are widely noted in France. Their budgets are usually alarmingly small – around 4500 francs per square metre gross floor area for an elementary school – which often results in low quality of execution and detailing. The use of seriagraphs as in the new extension to the Palais des Beaux-Arts by Myrto Vitart et Jean-Marc Ibos in Lille, or the School for Computer Science by Florence Lipsky and Pascal Rollet in Valence are exceptions in the young architects' work.

Temporary interventions, single family houses, schools or small university extensions, or infrastructure measures such as the redesign of city squares, motorway toll stations or tramway lines, make up the bulk of the young French architects' commissions. Compared to other European countries, their portfolios show surprisingly few office buildings or housing projects. Several architects consciously avoid social housing commissions, as it promises little room for innovation within today's strict guidelines, budgets and many conventions. In contrast, the extension or reorganization of old buildings, which demand individual solutions simply due to their specific characteristics, is an area of work that not only Olivier Brochet, Emmanuel Lajus and Christine Pueyo of Bordeaux, or Tetrarc in Nantes, have repeatedly focused on with great passion and virtuosity. Here, the professional distinction to interior architecture, scenography, museography and design is a flowing one. In the best cases, these commissions allow for the realization of a *Gesamtkunstwerk* that does not end with the creation of a building's facade.

French architecture has become more polycentric, but more feminine as well. Nowhere outside of Scandinavia are so many women architects active as in France today. Although a third of all French architects still work in the Île de France today, visitors will no longer be able to get an impression of young French architecture in Paris. More than ever, they must go to the periphery, to the regions, in order to witness the latest developments. Frequently it is on the edges of small towns, towns with less than 20,000 inhabitants, which is where nearly half of all French live, where the large part of the projects by young architects are being built today. It is particularly in the provinces, so long looked down upon, that a new self-confidence and a new openness to contemporary architecture is stirring, be it in or around Lyon, Bordeaux, Nancy or Nantes. Many young offices work here, as the likelihood of building is often greater than in Paris. Most of the buildings by young Parisian architects are located here as well.

At least in this aspect, the half-hearted decentralization of France, with its confusion of authority between old and new institutions and an urban sprawl redily compararable to the United States, has proved to be a blessing. It is too early, and perhaps even futile, to speak of the development of distinct regionalisms. But the centre, Paris, is gradually losing force. In the regions more so than in Paris, architects are looking across borders, watching current developments in Switzerland, Spain and the Netherlands, without, however, resorting to plagiarism.

Not only because of this immediate reception of architectural developments abroad, young French architecture seems more international, even more cosmopolitan than ever before. In architecture it would still be daring to speak of Blanc-Black-Beurs, the colourful mixture of skin colours and origins that helped France win the World Cup in 1998. But the number of second-generation French or French d'Outre-Mer, and the many foreign architects who have found their way to France, lured since the late eighties by the Grands Projets, the building boom and the exceptional unreserved committment to modern architecture, is considerable. Brendan MacFarlane, Duncan Lewis or Nasrine Seraji are but a few of the many architects, in particular from the Anglosaxon world, who have settled in France and are enriching its architecture by virtue of their different cultural backgrounds. Increasingly, however, there are also French architects, such as Dominique Lyon or Pascal Rollet, whose lengthy stays in the United States have affected their architectural conceptions.

In the jungle of the peripheries of contemporary cities, many young architects feel like nomads, who are returning numerous non-places to human use through limited architectural interventions. Not coincidentally, besides the contemporary trends in the Netherlands, next to Rem Koolhaas and MDRDV, the work of the American environmentalists of Site is again influential. The unfinished, the nomadic and the banal of the Ville Emergente is increasingly addressed. The periphery, the creeping Americanization of the landscape through urban sprawl, is felt to be threat and opportunity at once. A new architectural realism is emerging, concerned with the poetics of the everyday. It is a realism that may be able to withstand the temptations of monumental minimalism that is currently spreading in many other countries.

Claus Käpplinger

Vue de l'extérieur: L'architecture est morte – Vive les architectures!

Les Grands Projets lancés sous la présidence de François Mitterrand (1981-1995), grâce auxquels l'architecture a acquis une popularité inconnue auparavant, ont non seulement modifié le paysage architectural français, mais aussi attiré l'attention du public international sur un pays qui, depuis les expositions universelles, Le Corbusier et le Centre Pompidou, n'était plus le centre du monde de l'architecture. L'entreprise, unique en cette fin du XXᵉ siècle, visait explicitement à donner une représentation symbolique du pouvoir au moyen d'édifices monumentaux. Les projets étant concentrés dans la capitale et visant parfois à la rénovation de quartiers entiers, Paris fut ainsi, avec Barcelone, la ville des années 80: le nombre de visiteurs y passa d'environ huit millions en 1986 à plus de treize millions en 1992.

La ville devint une scène sur laquelle se succédaient les grands événements, l'architecte une star médiatique, tous deux cherchant à attirer l'attention non seulement du public français mais aussi celle du monde entier. Avec les Grands Projets, la France s'ouvrit pour la première fois largement aux architectes étrangers. C'est ainsi notamment que deux réalisations capitales, la Grande Arche et la pyramide du Louvre, furent conçues respectivement par le Danois Johan–Otto von Spreckelsen et l'Américain Ioh Ming Pei.

Toute une nouvelle génération d'architectes français accéda par ailleurs à la notoriété internationale. Cette génération, qui avait profité du programme PAN (plan d'architecture nouvelle) lancé par le gouvernement dans les années 70, disposait déjà d'une grande expérience professionnelle malgré son jeune âge. C'est ainsi que la célèbre exposition 40 de moins de 40 ans, organisée en 1989 par l'Institut français d'architecture, présentait, en plus de Jean Nouvel, Dominique Perrault, Christian de Portzamparc et Francis Soler, un total de quarante bureaux français d'architecture ayant en commun la qualité de leurs réalisations ainsi que la jeunesse de leurs membres (moins de quarante ans).

À peine dix ans plus tard, il est beaucoup plus difficile d'effectuer une sélection similaire, et cela pour de multiples raisons. L'une d'entre elles est que le PAN n'existe plus, puisqu'il a maintenant été remplacé par EUROPAN. Ce programme bénéficie certes d'une grande publicité, mais il offre beaucoup moins de perspectives aux jeunes architectes européens. D'autre part, la France traverse depuis le début des années 90 une grave crise de l'immobilier. Les projets étant moins nombreux, les jeunes architectes hésitent à ouvrir leur propre bureau. Une troisième raison est que dans un contexte de néolibéralisme triomphant, les investisseurs publics se font rares, et l'on sait que les jeunes architectes européens dépendent particulièrement des projets publics.

Pour sélectionner aujourd'hui de jeunes architectes français ayant déjà réalisé des projets de dimension véritablement nationale, il faut repousser l'âge limite jusqu'à quarante-cinq ans. Comme toutes les limites, celle-ci est

Bernard Valéro/Frédéric
Gadan: Harnes town hall

Bernard Valéro/Frédéric
Gadan: mairie de Harnes

bien sûr arbitraire, mais elle présente l'avantage de définir précisément le concept de «jeune architecte». Un certain nombre de personnalités pourtant associées à l'étranger à de jeunes architectes français – notamment Dominique Perrault, Rudy Ricciotti, Pierre Lafon et Marion Faunières, Jacques Audren et Patrick Schlumberger, Odile Decq et Benoît Cornette, Françoise Jourda et Gilles Perraudin – n'a donc pas été retenu ici. De même que ne figurent pas dans la sélection de nombreux architectes plus jeunes, qui ont certes réalisé tel ou tel projet remarquable, mais dont l'œuvre est encore trop mince pour qu'on puisse déjà en discerner clairement le profil. Il est aujourd'hui moins que jamais possible de définir la ligne générale suivie par ces jeunes architectes. Tout est encore en gestation. Après le style moderne, le postmodernisme et le néomodernisme, il n'existe pas dans les années 90, ni en France ni ailleurs, de mouvement architectural clairement structuré. À l'exception d'Henri Ciriani et de son «école néomoderniste», qui s'efforce de reprendre le style, les formes et le plan libre chers à Le Corbusier et déclare ouvertement s'inspirer de son illustre prédécesseur.

Refusant ainsi d'être clairement affiliés à un maître dominateur, les jeunes architectes français vont leurs propres chemins. S'il leur arrive parfois de citer Jean Nouvel, Jacques Hondelatte ou l'Architecture Studio, c'est moins pour affirmer un credo que de pour révéler de simples affinités. Ils se veulent pour la plupart anticonformistes, entendent rester libres de toute idéologie, et s'efforcent de développer des solutions très personnelles. Ces architectes des années 90, qui refusent d'être associés à un groupe défini, sont avant tout pragmatiques et enjoués. Ils ne sont portés par aucun élan nouveau comparable à mai 68, par aucun mouvement social ou culturel, mais se trouvent de plus en plus dans la position d'individus confrontés aux difficultés économiques, à la perte de cohésion sociale, au vandalisme aveugle et au chaos des villes d'aujourd'hui.

Il est bien fini le temps héroïque des villes nouvelles et des grands projets présidentiels! Comme est également fini celui des «petits grands projets» encore lancés au début des années 90 par les princes de province, ces maires et présidents de conseils régionaux qui cherchaient à rivaliser avec la capitale et

son roi présidentiel. Citons seulement dans ce registre le vaste projet de développement urbain Euralille lancé par Pierre Mauroy et conçu par le Néerlandais Rem Koolhaas. Alors que d'autres grandes villes françaises se contentaient de construire de nouveaux parcs d'exposition et de nouveaux palais des congrès, le projet lillois était beaucoup plus ambitieux, puisqu'il portait en effet sur la réalisation d'un centre de services de dimensions européennes. Le postulat selon lequel Lille, desservie par le TGV et située dans le triangle stratégique Paris-Bruxelles-Londres, avait absolument besoin d'un nouveau centre d'affaires, déboucha cependant sur un fiasco, et la tentative de délocalisation justifiée en évoquant la mobilité moderne échoua totalement. Les hommes d'affaires parisiens, confortablement assis dans des fauteuils en cuir et munis de leurs ordinateurs portables, filent directement vers Londres ou Bruxelles, sans se soucier d'Euralille. La «ville du futur» est non seulement vide, mais elle a de plus coûté tellement cher qu'elle risque de saigner à blanc la vieille cité lilloise. L'échec de ce projet, qui constitue probablement l'ultime tentative du siècle pour créer de toutes pièces une «ville du futur», est à rapprocher de celui du dernier et plus grandiose des Grands Projets du président Mitterrand: la bibliothèque de France, dont la rigidité monumentale entrave constamment la fonctionnalité.

La taille et le pathétisme de ces deux réalisations sont de toute façon déconcertants pour de nombreux jeunes architectes, qui se contentent d'en admirer les prouesses techniques. Ceux d'entre eux ayant commencé leur carrière dans les années 90 ont dû apprendre à ménager l'espace, à utiliser des niches encore inoccupées. Leur travail s'est concentré sur la réorganisation et l'agrandissement de bâtiments anciens, le réaménagement de places publiques et la réhabilitation de grands ensembles, c'est-à-dire sur des interventions de taille beaucoup plus réduite, devant par ailleurs être effectuées dans des conditions bien plus précaires et avec un budget bien moins important.

Les stratégies de moindre amplitude développées à l'heure actuelle ont pour noms infiltration et implantation, enveloppement et noyautage. Avec des moyens réduits, elles tentent de créer une différenciation spatiale et une richesse sensuelle maximales. Le droit à l'individualité réclamé haut et fort y trouve une expression adéquate, face à un monde répétitif et désorienté. L'espace public se concentre pour devenir un phénomène esthétique, une succession rapide de lieux vides et sans affectation particulière, un ensemble d'enveloppes monolithiques que l'usager doit s'approprier.

Nasrine Seraji (Paris), Anne Lacaton et Philippe Vassal (Bordeaux) comptent parmi les rares architectes dont les projets s'intéressent de manière explicite aux problèmes sociaux. Lacaton et Vassal, en particulier, pratiquent une «architecture de la pénurie» dont les matériaux simples et les constructions élémentaires reflètent un certain seuil de pauvreté. Ayant été confrontés aux problèmes des SDF et aux conditions de vie dans le tiers-monde, ils réalisent des maisons individuelles et des bâtiments universitaires rudimentaires qui, bien qu'utilisant des matériaux pauvres et banals tels que des plaques de polyester, se révèlent d'une qualité inattendue.

Parallèlement au succès des architectes paysagistes français, dont la renommée est allée croissant durant les quinze dernières années, les éléments naturels sont de plus en plus utilisés en architecture afin d'évoquer une nature à la fois sauvage, à jamais perdue et impossible à planifier ou à fonctionnaliser. Cette nouvelle «éco-architecture», représentée sur Internet par François Roche

Anne Lacaton/Philippe Vassal: Latapie house, Floirac

Anne Lacaton/Philippe Vassal: maison Latapie, Floirac

David Cras: University refectory, Crainac

David Cras: restaurant universitaire, Crainac

et dont les magiciens ont pour noms Édouard François et Duncan Lewis, semble aujourd'hui inspirer les jeunes architectes. Le retour du bambou dans un grand nombre de projets des années 90 n'est que la manifestation décorative la plus évidente d'un phénomène beaucoup plus général. Cette écologie à la française, qui ouvre de nouvelles perspectives malgré ses moyens limités, n'est que partiellement en relation avec des tendances similaires constatées au Japon et aux Pays-Bas. La nature devient ainsi un nouveau terrain de recherche, un moyen pour l'architecte de se faire plaisir.

L'utilisation de matériaux écologiques et les concepts visant à économiser l'énergie restent par contre très peu répandus dans l'architecture française. Si les jeunes architectes intègrent rarement les innovations techniques dans leurs projets, c'est moins par manque d'intérêt que du fait de l'éloignement des producteurs de matériaux, une autre raison étant la répartition des compétences qui existe en France entre ingénieurs et architectes. LabFac, bureau franco-allemand dirigé par Finn Geipel et Nicolas Michelin, occupe ici une position particulière, puisque c'est en effet une des rares «jeunes» équipes à effectuer des recherches sur des systèmes spatiaux complexes et flexibles, et à considérer les notions de bilan énergétique et de durée de vie dès la phase d'étude. LabFac compte également parmi les rares groupes qui ne conçoivent pas des bâtiments isolés, mais s'efforcent d'intégrer leurs projets dans de grands concepts urbanistiques, s'inscrivant ainsi de manière explicite dans la tradition de l'avant-garde des années 60.

D'autres jeunes architectes français, travaillant en régions plutôt qu'à Paris, commencent par ailleurs à s'intéresser à une architecture écologiquement supportable. Citons notamment à Lyon le bureau Tectoniques (successeur adéquat bien qu'indirect de Jourda & Perraudin) ainsi que Manuelle Gautrand (installée désormais à Paris). Tectoniques a découvert des utilisations intéressantes pour le bois, matériau noble et bon marché fréquemment utilisé en France ces dernières années pour réaliser des enveloppes. Manuelle Gautrand développe quant à elle de manière très efficace l'idée de grandes salles climatisées naturellement, et auxquelles de nouveaux matériaux tels que le polycarbonate confèrent une qualité surprenante.

Les œuvres de Marc Barani (Nice), Yves Arnod et Isabel Hérault (Grenoble) sont par contre nettement sculpturales et orientées vers la découverte de l'espace et de la surface. En dépit de leurs grandes différences, les réalisations de ces architectes ont en commun une subtile chorégraphie du mouvement dans des espaces apparemment infinis, ainsi qu'une matérialité haptique prenant bien la patine. Arnod et Hérault utilisent principalement des plaques de cuivre ou de fer oxydées, Barani un béton travaillé avec virtuosité au point d'accéder presque à la qualité de la pierre naturelle. Barani, tout comme le couple Beaudouin de Nancy et nombre d'autres jeunes architectes, ne sont pas des révoltés voulant faire table rase, mais des praticiens qui s'inscrivent dans la continuité de l'architecture et se réclament du *genius loci* cher au Norvégien Norberg-Schulz.

Parmi les architectes des années 90 qui cherchent à créer des scénarios surprenants, rares sont ceux qui se lancent dans des recherches ludiques sur les matériaux et réalisent des enveloppes sensuelles porteuses d'information. Une virtualité façon Jean Nouvel ou Herzog & de Meuron – architectes suisses très appréciés en France – reste pour la plupart d'entre eux inaccessible, ne serait-ce que pour des raisons financières. Les budgets dont ils disposent sont bien souvent restreints (environ 4500 francs le mètre carré de surface d'étage brute pour une école primaire, par exemple), ce qui ne manque pas de résulter dans une mauvaise qualité en ce qui concerne l'exécution et les détails. Les sérigraphies qui ornent l'extension du palais des beaux-arts de Lille (Myrto Vitart et Jean-Marc Ibos) ou encore l'école d'informatique de Valence (Florence Lipsky et Pascal Rollet) restent ainsi des exceptions.

Les jeunes architectes français réalisent principalement des maisons individuelles, des interventions temporaires et des bâtiments éducatifs, ou bien aménagent des espaces publics tels que des places, des stations de tramway ou des gares de péage d'autoroute. Le catalogue de leurs œuvres, comparé à

Anne Lacaton/Philippe
Vassal: Faculty of arts
and human sciences,
Grenoble

Anne Lacaton/Philippe
Vassal: université des arts
et de sciences humaines,
Grenoble

Tautem Architecture:
University library
Paul-Valéry, Montpellier

Tautem Architecture:
bibliothèque universitaire
Paul-Valéry, Montpellier

celui de leurs collègues étrangers, ne comporte que très peu d'immeubles de bureaux et d'ensembles d'habitation. De nombreux architectes évitent d'ailleurs consciemment les projets de logements sociaux, car ils savent pertinemment que leur possibilité d'innover sera réduite à cause du budget, des contraintes et de diverses conventions. L'extension et la réorganisation de bâtiments anciens, qui requièrent obligatoirement des solutions personnalisées, forment par contre un domaine dans lequel des groupes tels que Tetrarc (Nantes) et des architectes tels qu'Olivier Brochet, Emmanuel Lajus et Christine Pueyo (Bordeaux) ont pu donner toute la mesure de leur virtuosité. Dans ce cas précis, les limites sont flottantes entre l'architecture et des activités voisines comme la scénographie, la muséographie et le design, ce qui permet aux architectes, lorsque les conditions sont favorables, de réaliser une œuvre d'art totale et non une simple enveloppe.

L'architecture française est devenue polycentrique, plus féminine également, puisque à part la Scandinavie, on ne trouve nulle part au monde autant de femmes architectes qu'en France. Bien qu'un tiers des architectes soit toujours concentré en Île-de-France, il faut de plus en plus quitter la région parisienne pour vraiment découvrir l'architecture d'aujourd'hui. Les jeunes architectes travaillent en effet bien souvent dans les banlieues et les petites villes de moins de 20 000 habitants – celles-ci rassemblant plus de la moitié de la population française. La «province» et des villes comme Lyon, Bordeaux, Nancy ou Nantes, longtemps dominées et méprisées par la capitale centralisatrice, sont désormais plus sures d'elles, et ce sont elles qui accueillent l'architecture contemporaine.

La décentralisation et la superposition des compétences entre collectivités locales ont provoqué une expansion de banlieues aussi désolées que celles des grandes villes des États-Unis. Le résultat le plus positif de la politique de décentralisation reste néanmoins que les jeunes architectes travaillent désormais plus en régions qu'à Paris, alors que la plupart de leurs réalisations se trouvent «en province». Il est peut-être encore trop tôt pour parler de régions

se développant de manière autonome, mais il est certain que le centre, Paris, est en perte de vitesse. Les régions, plus que la capitale, tournent aujourd'hui leurs regards vers l'étranger, vers la Suisse, l'Espagne et les Pays-Bas, sans néanmoins tomber dans le plagiat.

Si la jeune architecture française est plus internationale, voire cosmopolite que jamais, ce n'est pas uniquement du fait de cet intérêt pour les développements architecturaux venus de l'étranger. Le mélange black-blanc-beur qui a conduit la France à la coupe du monde en 1998 n'est certes pas encore réalisé dans le domaine de l'architecture. Il n'en reste pas moins que nombre d'immigrés de la seconde génération, de Français de couleur et d'étrangers se sont établis en France comme architectes depuis la fin des années 80, attirés par les Grands Projets, le boom de l'immobilier et le goût prononcé de ce pays pour l'architecture moderne. Brendan MacFarlane, Duncan Lewis et Nasrine Seraji ne sont quant à eux que quelques exemples des nombreux architectes anglo-saxons venus travailler en France et y enrichir l'architecture de leurs arrière-plans culturels différents. Parallèlement, des architectes français comme Dominique Lyon ou Pascal Rollet ont longtemps séjourné aux États-Unis, ce qui ne manque pas d'influencer leurs réalisations.

Les architectes-nomades qui travaillent à l'heure actuelle dans la jungle des banlieues ne disposent que de moyens très limités pour redonner un visage humain aux nombreux «non-lieux» qu'ils y trouvent. Ce n'est donc pas un hasard s'ils s'intéressent de plus en plus aux réalisations contemporaines des Pays-Bas (Rem Koolhaas et MVRDV) ainsi qu'à celles des environnementalistes américains du groupe Site. Les thèmes abordés sont de plus en plus la banalité, le nomadisme et le caractère inachevé des villes émergentes, ainsi que l'américanisation progressive des banlieues et leur extension continue, perçues simultanément comme une chance et une menace. Ce qui se dessine progressivement, c'est un nouveau réalisme architectural s'efforçant de mettre en valeur la poésie au quotidien. Un réalisme qui saura peut-être résister au «minimalisme monumental» qui se répand dans de nombreux autres pays.

Arnod & Hérault
Grenoble

The first building Arnod & Hérault worked on together the Échirolles sports complex in the Isère region (1990), testified to a daring approach. Since then, they have proven their talent for building time and time again. Like many young architects, they maintain that their resources come from outside the schools they attended: Yves Arnod, in sculpture and stage design, and Isabel Hérault, in dance. Despite vast differences in their formal repertoire, their works hence bear a common stamp – the sensation of being caught in a movement, whereby each structure is endowed with an on-the-spot materiality in tune with the body. Arnod & Hérault design places that seem to breathe and invite us to linger in; we can relax in these spaces and caress the fine materials. Yet visual effects are not the only elements on centre stage; a certain theatrical form also comes into play, creating intimacy while setting a certain distance between visitors and users.

Such detours through different spatial arts no doubt contributed to their uninhibited attitude towards the taboo on form preached by the moderns. When transparent boxes were still the rage, they dared to silhouette a bronze shell against the Seine in their scheme for the Maison du Japon competition in Paris (1990), earning them wide acclaim. For them there is no question of getting around the issue of materiality by mythicizing the immateriality of glass. As they see it, experimental «makeshift» has a place in their craft, and their studio is cluttered with preliminary models that sound out the autonomy of forms. Their schemes vary widely: curved and organic for some; superimposed, interlocking or interweaving for others; elsewhere, masses jut out into empty space in imitation of the loss of balance that comes with movement. In any event, they are all buildings designed as objects reacting to their environment, whether in a run-of-the-mill urban fringe, beside a motorway or on a steep site in the Alps.

Arnod & Hérault do not, however, flesh out the structure's actual shape until quite a while into their design process, which they themselves describe as «circumstantial». Their point of departure is underpinned by programmatic elements, although this does not necessarily induce a linear response. For example, the project's driving factor may be the client's desire for a California-style dwelling, as with the Corenc house. In the new gallery for the Pierre Mendès France Law Faculty on the campus of Grenoble University, the need to manage student flows between the lecture halls and cafeteria gave rise to a «backstage» plan. Whereas in the Grenoble CNRS research laboratory (1996), security requirements called for oblique lighting, to screen off intruding gazes. Their smallest-scale, yet most emblematic project – the tourist information point in the Ferrand Valley (1994) – employs low-angle effects to highlight the surrounding landscape and horizon.

Whatever the «circumstantial» givens of a project, its simple, effective yet exacting construction solution always follows later on. While they do not perceive technological innovation as an end in itself, their design process often involves research and development far upstream, working closely with contractors. They like to use new and unfamiliar materials, such as weathering steel or copper, where changing colours mark the passage of time on the architecture. Minimalistic sculpture and contemporary primitive art have served as references for their conceptual work on relationships between scale and material. For example, «Nomad», their mobile installation at the Grenoble Centre for Contemporary Art (1994), is certainly reminiscent of Richard Serra. Their winning scheme for Grenoble's future skating rink (a major project which they won over internationally renowned architects) will see them developing polycarbonate production methods to achieve new effects of transparency and coloured light.

Arnod & Hérault, Grenoble

Le premier bâtiment que Arnod & Hérault ont construit ensemble, le gymnase d'Échirolles dans l'Isère (1990), témoignait d'un tempérament audacieux, et leur talent constructif ne s'est pas démenti depuis. Ils font partie de ces jeunes architectes qui prétendent avoir puisé leurs ressources «ailleurs» que dans les écoles dont ils sont issus: Yves Arnod, dans la pratique de la sculpture et la scénographie, Isabel Hérault dans celle de la danse. Et de fait, malgré leur répertoire formel très divers, leurs œuvres ont ceci de commun qu'elles paraissent surprises dans l'instantané d'un mouvement. Elles possèdent une matérialité immédiate à l'écoute du corps. Elles dessinent des lieux qui semblent respirer et dans lesquels on se tient volontiers: on s'y accoude, on s'y détend, on touche des matières agréables et les effets visuels ne sont pas les seuls à s'y trouver privilégiés. Elles jouent sur une certaine forme de spectacle aussi, de mise en relation autant que de mise à distance entre le visiteur de passage et l'utilisateur.

Ce détour par d'autres arts de l'espace a sans doute contribué à leur attitude désinhibée vis-à-vis du tabou de la forme véhiculé par les modernes. Au moment où les boîtes transparentes faisait encore fureur, leur projet remarqué pour le concours de la Maison du Japon à Paris (1990) osait profiler vers la Seine une carapace de bronze. Pour eux, pas question d'éluder la question de la matière en mythifiant l'immatérialité du verre. Revendiquant une part de «bricolage» expérimental dans leur métier, ils sondent l'autonomie des formes dans des maquettes d'études qui envahissent leur atelier. Leurs projets sont très variés: organiques et courbes pour certains, volumes additionnés, emboîtés ou glissant les uns sur les autres, masses en surplomb dans le vide qui miment un déséquilibre en mouvement. Des édifices conçus en tout cas comme des «objets réactifs» de leur environnement, qu'ils se situent dans une banale frange urbaine, au bord d'une autoroute ou dans un site escarpé des Alpes.

La mise en forme apparaît cependant relativement tard dans leur démarche de projet qu'ils qualifient eux-mêmes de «circonstancielle». Les éléments du programme en constituent le point de départ sans induire nécessairement de réponse linéaire. L'élément générateur peut-être le souhait du client, comme dans le cas de la villa de Corenc, de se faire construire une maison à la mode «californienne». Dans la nouvelle galerie, adossée à la Faculté Pierre Mendès France sur le Campus de Grenoble, c'est la gestion des flux d'étudiants entre amphithéâtres et cafétéria qui génère un plan à coulisses, à l'instar d'une scène de théâtre. Dans le laboratoire de recherche du CNRS de Grenoble (1996), ce sont les contraintes de sécurité qui vont dicter une prise de lumière en biais dissimulant les regards. Leur réalisation la plus modeste, mais aussi la plus emblématique, le Point d'Information touristique de la Vallée du Ferrand (1994) révèle par des effets de contre-plongée le paysage proche et ses plans lointains.

Quelques soient les entrées «circonstanciées» du projet, sa résolution constructive suivra après, simple, efficace, mais exigeante. Si l'innovation technologique ne représente pas pour eux une fin en soi, leur démarche implique souvent un travail de recherche et de mise au point bien à l'amont avec les entreprises. Ils aiment employer des matériaux insolites ou peu courants, comme l'acier Corten ou le cuivre, dont les évolutions chromatiques donnent à voir le travail du temps sur l'architecture. La sculpture minimaliste et l'art brut contemporain leur ont servi de références pour penser les rapports d'échelle et de matière. Dans leur installation mobile, «Nomad», qu'ils réalisèrent au Centre d'Art Contemporain de Grenoble (1994), on pense bien sûr à l'influence de Richard Serra. Le grand projet de la future Patinoire de Grenoble (1998), qu'ils ont gagné face à des architectes internationalement connus, les amènera à développer des procédés de fabrication en polycarbonate pour atteindre des effets inédits de translucidité et de coloration de la lumière.

Tourist Information Point
Mizoën, 1995

Point d'information

View against landscape
Vue sur le paysage

Three towns in the Isère Alps' Ferrand Valley wanted a tourist information facility that would draw the attention of the swarms of visitors driving through on the main road. Arnod & Hérault therefore designed a sign-object inviting motorists to stop. They suspended it from a cliff over the road flanked by stairs leading to a panoramic terrace with views over the Chambon reservoir.

The little structure in weathering steel blends into the natural rock, which is rich in iron oxide. It is anchored by artificial indentations in the rock and steel tie-rods sealed in cement. The weathering steel had to be procured from the boilermaking industry. Inside, the information point is lined with wood and boasts sweeping views of the landscape through two glazed walls.

Although small, the structure does justice to this exceptional, grandiose site. It constitutes one of the most remarkable contemporary examples of harmonious blend between architecture and the landscape.

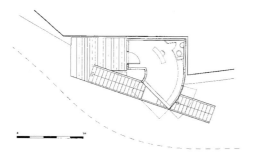

Plan
Plan

Site plan
Plan de situation

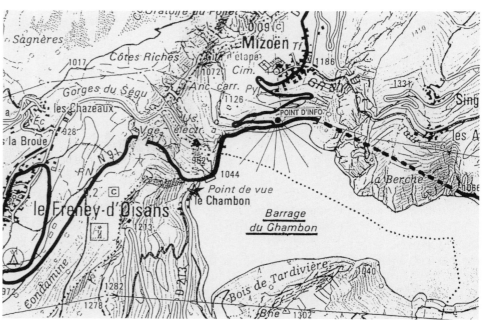

20

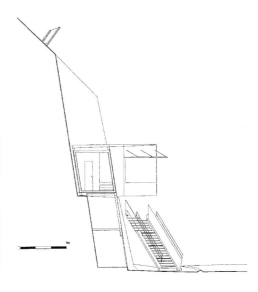

Section
Coupe

Trois communes de la vallée du Ferrand dans les Alpes iséroises voulaient retenir le flot des visiteurs en transit sur la route nationale par un petit équipement d'information touristique. Arnod & Hérault conçurent un objet-signal suspendu à la falaise au-dessus de la route, incitant les automobilistes à s'arrêter. Flanqué d'un escalier et d'une terrasse panoramique, il domine le lac de retenue du Chambon.

Ce petit édicule réalisé en acier Corten rouillé fait corps avec la roche naturelle riche en oxyde de fer. Il s'ancre dans le roc grâce à une échancrure ménagée artificiellement et des tirants d'acier pris dans des injections de béton. La mise en œuvre de l'acier Corten a nécessité de recourir à des procédés de chaudronnerie industrielle. L'intérieur du point d'information est revêtu de bois et s'ouvre largement sur le paysage par deux parois vitrées.

Modeste par sa taille, ce projet n'en révèle pas moins les lignes de force de ce site exceptionnel et grandiose. Il constitue un des emblèmes contemporains les plus remarquables d'une harmonie entre architecture et paysage.

Primary School
Lozanne, 1996 – 1997

École primaire

For this project in the Beaujolais region, Arnod & Hérault worked on a scale that was both urban and architectural. The site is on the fringe of what used to be a rural town, but, spurred by the attraction of the Lyons urban area, it has become a third-belt residential village. Small detached homes and old farm houses dotting the access road to Lozanne make up the site's immediate surroundings. Instead of a long facade, which would have disrupted the residential scale, one of the school's gables is set back from the road, while its two storeys face north-south along the length of the plot.

The structure's volume seems to have been engendered by slipping one slab on top of another, with canopies and sunny recreational terraces slotted into the open spaces. The slab accommodating the first floor is broken by a slight angle in the middle and is cantilevered above the school's entrance by a triangular beam laid across a series of metal columns.

The building's two facades contrast sharply with one another. The east elevation, adjoining the adjacent property, is lightly pierced with jagged rows of translucent loophole windows. The seven west-facing classrooms, however, contain a continuous band of sliding plate-glass windows spaced at regular intervals. The classrooms, library, multi-purpose room and offices are distributed around a double-level central foyer containing a wide staircase, with some of the steps forming tiers for a children's theatre. Each classroom draws on a different colour scheme.

The facade's concrete texture is carefully groomed, but what really strikes the eye is the copper roof covering whose reddish colour will, over time, take on a green patina.

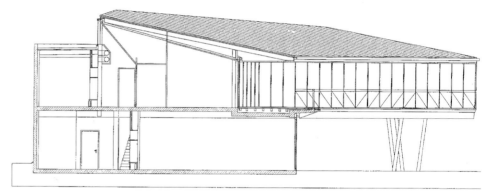

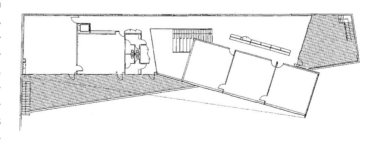

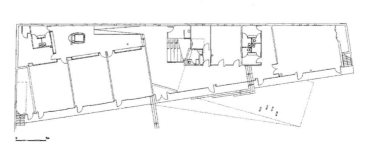

View of gable wall with copper sheeting
Vue sur le mur pignon en cuivre

Section
Coupe

Ground and first floor plan
Plan du rez-de-chaussée et de l'étage

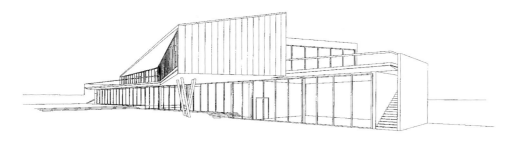

Perspective
Perspective

**First floor classrooms
with terrace**
Les classes du premier
étage en terrasse

**Interior with staircase
and gallery**
Vue intérieure sur
l'escalier et la coursive

Arnod & Hérault ont fondé leur projet sur un travail entre l'échelle urbaine et architecturale. Leur intervention s'inscrit à la frange d'un ancien bourg rural du Beaujolais, devenu par la force d'attraction de la métropole lyonnaise un village résidentiel de troisième couronne. L'environnement immédiat se compose de petits pavillons et d'anciennes fermes d'habitation s'égrenant le long de la route d'accès à Lozanne. Afin de ne pas rompre cette échelle domestique par une longue façade, l'école offre sur la route un pignon en retrait et déploie ses deux étages en longueur sur la parcelle en suivant une orientation nord-sud.

La volumétrie semble avoir été engendrée par le glissement l'une sur l'autre de plaques superposées, ménageant aux endroits de non recouvrement des auvents et des terrasses récréatives ensoleillées. La plaque abritant le premier étage se brise par un léger angle en son milieu en se suspendant en porte-à-faux au dessus de l'entrée de l'école par une poutre triangulée qui repose elle-même sur un faisceau de poteaux métalliques.

Le bâtiment offre deux façades contrastées. L'élévation vers l'est, jouxtant une propriété mitoyenne, est faiblement percée par des rangées décalées de meurtrières translucides. Orientées vers l'ouest, les sept salles de classes s'ouvrent en revanche par des baies vitrées continues coulissant à un rythme régulier. Les classes, la bibliothèque, la salle polyvalente et les bureaux sont distribuées à partir d'un hall central à double-niveau comportant un large escalier dont une partie des emmarchements forme les gradins d'un théâtre d'enfants. Chaque classe se distingue par une ambiance colorée différente.

En façade, la texture du béton est soignée, mais le plus frappant est sans nul doute la couverture de cuivre qui enrobe le volume de l'étage supérieur et dont la couleur rousse se destine à virer au vert patiné avec le temps.

Lecture Hall Gallery
Grenoble, 1996

Galerie des amphithéâtres

This project consisted of rehabilitating access zones to the lecture halls in the Pierre Mendès France Law Faculty by way of enlarging the cafeteria. For Arnod & Hérault, it was an opportunity to rethink the often-disparaged modernity of the 1960s. The original expressive structure (V-shaped concrete beams and prefabricated triangular ribs) was preserved, and the untreated cladding (concrete, wood and shingles) restored. Given that 2000 to 3000 students pass through the gallery between courses, ceiling acoustics were improved by means of prefabricated triangular metal modules laid behind the caisson ribs. New vestibule spaces now shield lecture hall entrances from cafeteria noise. The cafeteria enjoys views of the university's interior patio through a wide plate-glass window punctuated by massive weathering-steel doors, and its new tables, chairs and floor are made of sturdy and inexpensive surfaced concrete, purposefully selected for its 1960s architectural register. Thanks to this space, the university's law school is now marked out within its campus and, positioned between the classrooms and the garden, provides students with a pleasant space to relax in.

Gallery and roof over-
hang in corten steel
La galerie et sa marquise
en acier Corten

Plan of complex
Plan du projet

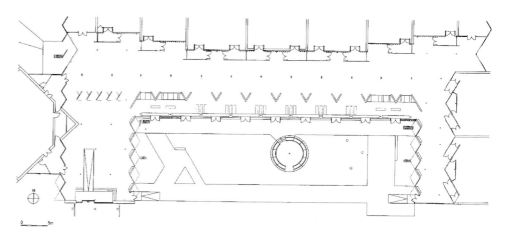

Le projet consistait à réhabiliter les zones d'accès aux amphithéâtres de l'Université de Droit Pierre Mendès France en agrandissant sa cafétéria. Il fut pour Arnod & Hérault l'occasion de revisiter la modernité souvent décriée des années soixante. La structure expressive d'origine (poteaux béton en forme de «V», caissons triangulaires préfabriqués) a été conservée et les revêtements bruts (béton, bois, galets) mis en valeur. 2000 à 3000 étudiants

transitant à chaque interclasse dans la galerie, l'acoustique du plafond a été améliorée par des modules triangulaires métalliques préfabriqués posés en retrait des nervures des caissons. De nouveaux sas de transition protègent dorénavant l'entrée des amphithéâtres des nuisances sonores de la cafétéria. Celle-ci s'ouvre visuellement sur le patio intérieur de la faculté par une longue baie vitrée interrompue par des portes massives en acier

Corten. Les nouvelles tables, chaises et sols de la cafétéria ont été fabriqués en béton surfacé, matériau solide et économique, choisi volontairement dans le registre de l'architecture des années 60. La Galerie des Amphithéâtres identifie désormais la faculté de Droit dans le campus, et ménage un espace de détente agréable aux étudiants entre salles de cours et jardin.

«S» House
Corenc, 1997–1998

Maison «S»

Model
Maquette

View of building site
towards gable wall
Vue du chantier sur
le mur pignon

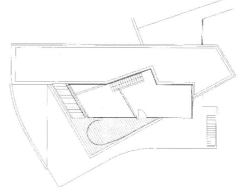

Plan of level 3, library on mezzanine level overlooking
the living room
Niveau 3, bibliothèque en mezzanine sur le séjour

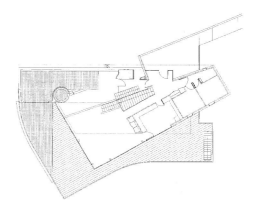

Plan of level 2, entrance, living room and kitchen,
swimming pool and sauna, guest rooms
Niveau 2, entrée, séjour et cuisine, piscine et sauna,
chambres d'amis

This house is located in a residential area on a mountain slope with commanding views of Grenoble. The clients wanted a «modern» villa inspired by California homes and James Bond films. The dwelling stretches out along the contour lines following three superimposed strata fanning out over the landscape, with a panoramic vista of Grenoble to the south-west; this creates a new landform designed to render the steeply sloping property habitable.

The entrance is on the middle floor, which houses the living room, kitchen and guest rooms, along with a sauna and indoor-outdoor swimming pool. In summer, the pool forms an ornamental pond; in winter, the inside part is closed off by glazed panels. The upper level, accommodates a library and forms a mezzanine over the living room, while the lower level is given over to the family's bedrooms and garaging.

Cette maison est située dans les environs résidentiels de Grenoble, sur le flanc d'une montagne qui domine la ville. Les architectes ont répondu au souhait des clients qui désiraient se faire construire une villa «moderne» inspirée des maisons californiennes et des films de James Bond. La maison s'étire le long des courbes de niveaux suivant trois strates superposées qui s'ouvrent en éventail vers le paysage et la vue sur Grenoble au sud-ouest, créant ainsi une nouvelle topographie destinée à rendre le terrain très en pente habitable.

L'entrée de la maison se fait à l'étage intermédiaire du séjour, de la cuisine et des chambres d'hôtes. On y trouve aussi un sauna et une piscine laquelle, se trouve à la fois dehors et dedans, formant un bassin continu l'été, la partie intérieure étant fermée l'hiver par une écluse de verre. Au niveau supérieur se trouve la bibliothèque en mezzanine sur le séjour et, au niveau inférieur, les chambres des parents, des enfants et le garage.

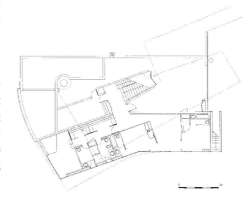

Plan of level 1, master bedroom, children's room, carport
Niveau 1, chambres des parents et des enfants, garage

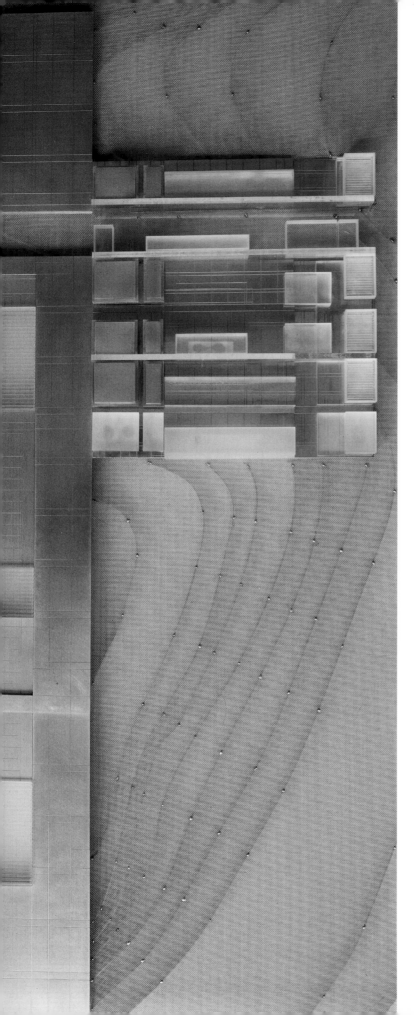

Avant Travaux
Paris

A lustful architecture guerilla is what the five partners of Avant Travaux consider themselves to be. They are committed to a playful eclecticism, as no «apriori», no aesthetic determinism, no social utopia exist that they could follow today. Rather, in the unreality of the present, architecture must create its own territory with unspent sensualism. Not least for this reason, with irony and great humour, they chose their name Avant Travaux. While alluding to the avant garde, it stands, in contrast, for unbiased action devoid of missionary zeal.

Their architectural conception begins with the topography and imagination of a site. Images and feelings inform their first steps, whereby the images are seldom taken from the world of architecture, but refer more often to art, culture of the everyday or nature. Often they are drawn from travel logs or fascinating books like «Architecture Without Architects» of Bernard Rudofsky. Images awaken associations, invite dialogue, enable the liberation from the confinement of a programme and the return to it by revealing its hidden ideas and potentials. These, finally, can be wrought into unmistakable scenarios, that again stir their own emotions and feelings, create strong images and signs.

Alongside radical spatial introversions there is an almost exhibitionistic pleasure to create new points of orientation using large, strong volumes in the projects' mostly peripheral locations. In today's totally urbanized landscape, the irreversible loss of city and countryside demands highly complex compensations: poetic architecture that produces inner landscapes full of surprises. It demands an expressive architecture, that as a landmark with an unmistakable as well as naturally strong volume, is inscribed in its context.

Avant Travaux's architecture develops around hidden and protected open spaces – patios, courtyards or squares. For this reason they became specialists in hospital and retirement home design, not voluntarily, but not accidentally either. In 1991 their first oeuvre, the Unité de soins palliatifs in Villejuif near Paris, was the first facility in France for terminally ill people with AIDS and cancer to turn to. It is a withdrawn refuge whose glass brick skin guaranteed the necessary intimacy, while drawing the exterior, daylight and garden into the interior. With few materials «raw» – concrete, metal, wood and glass – they achieved a pleasant, serene clarity of spatial and constructive joining, that extended to the furniture and detail. It was rightfully awarded the renowned «Prix de la Première Œuvre».

But it would be wrong to reduce them to this one task: In the famous competition for the Tête de la Défense in 1989, for example, in which the first prize was ultimately awarded to Jean Nouvel with his Tour sans fin, the still very young architects were finalists. Their project, a highrise split in two, one vertical and one horizontal, would have created an exciting public interspace as heavily layered bodies. Only a few years later, in Vienna, Coop Himmelblau was to be more successful with a very similar design. Another unre-alized project, for La Caisse Nationale de Prévoyance d'Angers, seems to anticipate the hybrid office buildings of the nineties and explains why such well-reputed architects as Architecture Studio or Jean Nouvel will later form project teams with the young wild ones. Here, as in the Collège 400 in Torcy, another fundamental conceptual aspect of their work finds pure expression: in their inimitable staging of movement, by opening mysterious inter-spaces and enticing perception, their buildings create an own territoriality.

Avant Travaux , Paris

Les cinq membres du groupe Avant Travaux se considèrent comme de joyeux guérilleros sur le terrain de l'architecture. Se réclamant d'un éclectisme ludique, ils refusent tout a priori, tout déterminisme esthétique et toute utopie sociale, et considèrent que, face à l'irréalité du présent, l'architecture doit reconquérir sa liberté en faisant usage d'une sensualité inédite. Le nom même du groupe reflète avec humour et ironie cette prise de position : il renvoie au concept d'avant-garde, tout en y opposant un pragmatisme libre de préjugés et ne cherchant pas à transmettre de message.

Les œuvres d'Avant Travaux sont conçues à partir de l'imaginaire, des senti-ments, de la topographie du lieu d'implantation, et d'images moins en rapport avec l'architecture qu'avec l'art, la nature et la culture au quotidien. Ces ima-ges, empruntées à des souvenirs de voyages ou des livres fascinants tels que «Architecture sans Architectes» de Bernard Rudofsky, provoquent des associa-tions d'idées, invitent au dialogue et permettent de sortir du carcan imposé par certains programmes, afin d'y revenir ensuite lorsque des scénarios por-tant la marque du groupe mettront en évidence le potentiel caché de ces mêmes programmes, tout en évoquant à leur tour des images et en suscitant des émotions.

Jouant sur le contraste entre introversion et exhibition, les grands volumes réalisés par Avant Travaux servent de points de repère dans les banlieues où ils sont implantés de préférence. Les paysages nouvellement urbanisés, ni tout à fait ruraux ni tout à fait urbains, requièrent aujourd'hui une architecture poé-tique riche en surprises, une architecture expressive dont la forte volumétrie sert de point de repère.

Organisant ses projets autour d'espaces ouverts protégés tels que des patios, des cours ou des places, Avant Travaux s'est par la force des choses spécialisé dans la construction d'hôpitaux et de maisons de retraite. Le pre-mier ensemble réalisé par l'équipe (Unité de soins palliatifs, Villejuif, 1990) fut simultanément le premier établissement construit en France à l'intention des sidéens et des autres personnes en fin de vie. Une enveloppe en briques de verre lui garantit l'intimité requise tout en laissant entrer la lumière nécessaire au jardin intérieur. Cet édifice en matériaux bruts (béton, métal, bois et verre), caractérisé par une claire et agréable sérénité jusque dans le mobilier et les autres détails, a valu au groupe Avant Travaux l'attribution du Prix de la Pre-mière Œuvre du journal Le Moniteur.

Mais il serait faut de vouloir réduire l'activité du groupe à ce genre de réalisations. C'est ainsi, par exemple, qu'en 1989 le projet présenté par les jeunes architectes d'Avant Travaux pour la Tête de la Défense (un gratte-ciel savamment articulé horizontalement et verticalement et offrant d'intéres-sants espaces publics intermédiaires) alla jusqu'à la finale du concours qui fut remporté par Jean Nouvel avec la «Tour sans fin». Quelques années plus tard, le groupe viennois Coop Himmelblau fut lauréat d'un concours avec un concept très similaire. Citons encore leur projet pour la Caisse nationale de Prévoyance d'Angers qui, dès 1990, semblait anticiper les bâtiments administratifs hybri-des des années quatre-vingt-dix – raison pour laquelle de grands noms tels que l'Architecture Studio ou encore Jean Nouvel ont depuis collaboré avec les fougueux architectes d'Avant Travaux. Ce dernier projets ainsi que le collège pour quatre cents élèves de Torcy, expriment clairement une des composantes principales des œuvres du groupe : une mise en scène inimitable du mouve-ment, apte à ouvrir de mystérieux espaces intermédiaires, à exacerber la per-ception, et à conférer à chacun des édifices sa propre territorialité.

Caisse nationale de Prévoyance Centre, Angers, 1990

Centre de la Caisse Nationale
de Prévoyance

South elevation
Façade sud

West elevation
Façade ouest

Right on the edge of Angers' historic centre, Avant Travaux wanted to create a self-confident and communicative building for the Caisse Nationale de Prévoyance as an integral part of the town. Clear legibility, complex simplicity and surprising permeability were the goals of their hybrid that resulted from many different streams of movement. Situated between the old town, the river and a large area for new development, their building was to be at once passage and square, its moved topography provoking public use and attention. It was to be a challenging contemporary office building, a dynamic crossroads with flowing transitions from private to public. Above and along a public path through the building, alternating volumes and materials were to communicate to every passer-by the different activities of the Caisse Nationale de Prévoyance: the glass skin revealing the offices, the black granite monolith containing the computers, the differently formed wooden boxes accommodating the various special uses such as the library or the conference rooms.

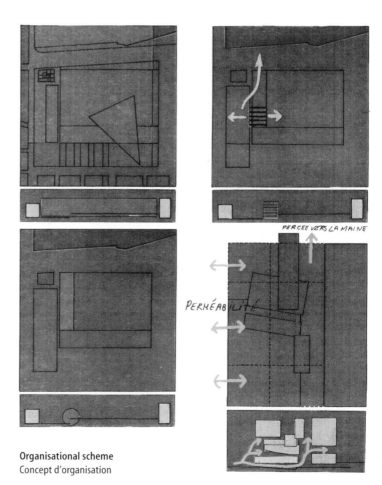

Organisational scheme
Concept d'organisation

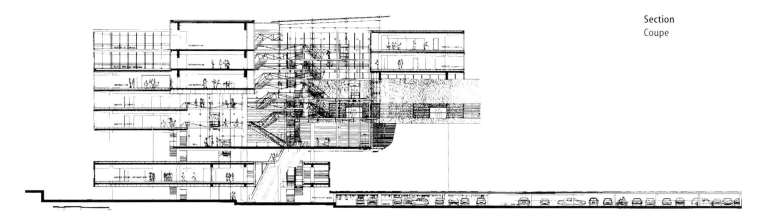

Avant Travaux a conçu ce projet, à proximité immédiate de la vieille ville d'Angers, comme une partie intégrante du paysage urbain. Le bâtiment hybride s'inspirant de diverses tendances architecturales se caractérise par une grande lisibilité et une transparence surprenante. Au milieu d'une zone en urbanisation, entre la vielle ville et le fleuve, cet ensemble mouvementé, à la fois passage et place, ne passe pas inaperçu. Cet immeuble de bureaux contemporain paraît provocant, avec des passerelles dynamiques qui assurent une liaison progressive entre les sphères privée et publique. Grâce à une volumétrie changeante et une alternance des matériaux, tout un chacun peut, en suivant un parcours au travers du bâtiment, prendre connaissance des différentes activités de la Caisse nationale de Prévoyance. Les bureaux sont abrités sous une enveloppe de verre, les services informatiques dans un monolithe en granite noir, la bibliothèque, les salles de conférence et les fonctions annexes dans des boîtes en bois de formes diverses.

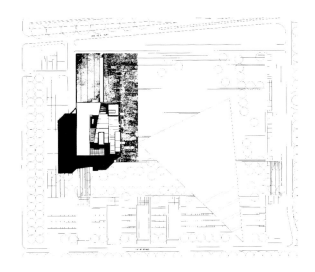

Site plan
Plan de situation

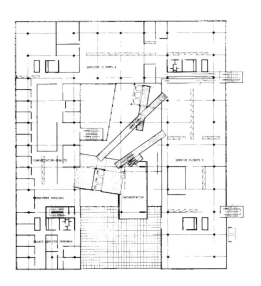

Ground floor plan
Plan du rez-de-chaussée

School for 400 Pupils
Torcy, 1995 – 1997

Collège pour 400 élèves

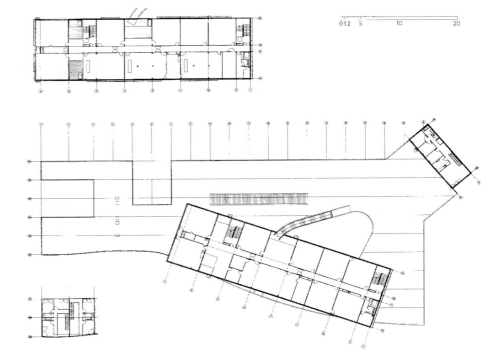

View from the motorway
Vue d'autoroute

Plan of upper level
Plan niveau supérieur

View from the recreational area
Vue de la zone récréative

On the eastern periphery of Paris, in the *Seine-et-Marne départment*, the spatial situation for a new school was extremely disparate. The attractive topography, a small hill above a recreational area, was faced with the immediate vicinity of a motorway and an industrial area, as well as several hypertroph school complexes concentrated here on the outskirts of Torcy. In these heterogeneous surroundings, the school had to provide independent signalling power as well as effective protection, not only from the nearby motorway, but from frightening local vandalism as well. Avant Travaux conceived their school as a hybrid building, as an *objet trouvé* between city and landscape. Above an extensive monolith of raw concrete, which accomodates all special rooms, they spanned a metal box for the classrooms. While the base is an organic element that follows the existing undulating terrain, the floating metal box cuts into the sky, sharp and foreign, as a landmark to be perceived between motorway and landscape. This effect is heightened by the copper and cobalt gloss painted cladding that makes the box's very industrial skin fluctuate from deep red to a cold blueish grey, depending on daylight conditions. The school's heart, however, is located in the grotto-like base: a wide, well-lit patio with deep ambulatories and many dramatically staged views of the green low ground.

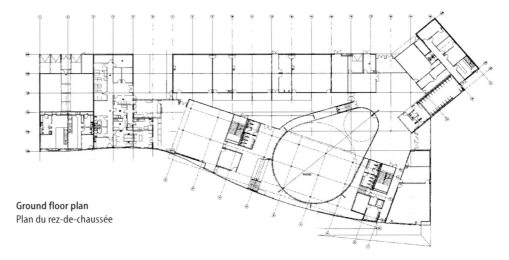

Ground floor plan
Plan du rez-de-chaussée

Entrance
L'entrée

The box
La boîte

Ce collège de Seine-et-Marne, à l'Est de l'agglomération parisienne, est implanté dans une zone extrêmement disparate: en périphérie de la ville de Torcy, en haut d'une colline dominant une zone récréative, il se trouve à proximité d'une autoroute, d'une zone industrielle et de plusieurs ensembles scolaires hypertrophiés. Dans cet environnement hétérogène, Avant Travaux a conçu un bâtiment hybride, un «objet trouvé» entre ville et campagne,

à l'abri non seulement des nuisances de l'autoroute, mais aussi du vandalisme sévissant dans la commune. Le collège se compose d'un monolithe en béton brut destiné aux espaces spéciaux, et d'une boîte métallique abritant les salles de cours. Le socle en béton suit les ondulations du terrain et prend ainsi un aspect organique, tandis que la boîte métallique posée dessus se détache nettement sur l'arrière-plan du ciel, servant ainsi de point de re-

père dans le paysage. L'ensemble est d'autant plus impressionnant que le bardage en laque cuivre et cobalt prend des reflets variant d'un rouge profond à un gris-bleu froid en fonction de la lumière. Le cœur du bâtiment se trouve cependant dans le socle caverneux, pourtant baigné de lumière auquel on accède par des couloirs sinueux offrant d'intéressantes perspectives sur la nature environnante.

Section for Elderly Patients, Sablé-sur-Sarthe, 1996 – 1999

Secteur pour personnes agées

In an unexpected way Avant Travaux created an extension for a rather anonymous 1960s hospital slab: parasite bodies were attached around and above the existing building in free arrangement. These «champignons», as the architects refer to their restrained and simple wooden houses with folded metal roofs, are grouped in alternating rows around quiet living courts. In close connection to the nearby tree line of a forest, they create manageable spatial sequences, permitting easy identification with distinct units, trying to connect community with individuality. Almost village-like in scale, an environment was created in a sensitive way for the patients, of whom many have Alzheimer's, and most pass their old age here.

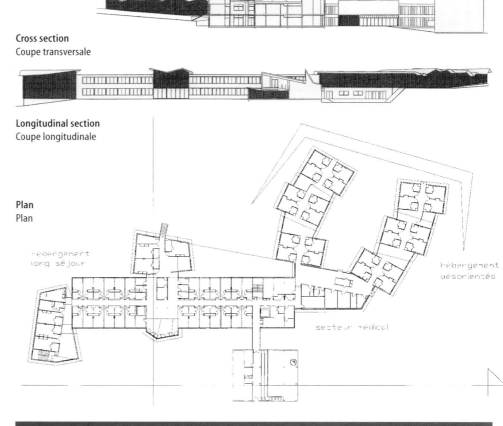

Cross section
Coupe transversale

Longitudinal section
Coupe longitudinale

Plan
Plan

Avant Travaux a réalisé une extension surprenante pour un hôpital en forme de barre anonyme des années soixante: des «champignons» ont été disposés librement, tels des parasites, sur et autour du bâtiment d'origine. Ces pavillons en bois à couverture métallique, groupés autour de cours tranquilles et en liaison étroite avec la forêt environnante, créent des séquences spatiales aux dimensions humaines, permettant ainsi une identification facile et l'établissement de liens entre l'individu et la communauté. Cette structure quasi villageoise d'une grande sensibilité a été spécialement développée à l'intention des patients atteints de la maladie d'Alzheimer qui viennent ici passer la fin de leur vie.

The «champignons»
Les «champignons»

Furniture for the European Parliament, Strasbourg 1994–1998

Mobilier du Parlement européen

Furnishing the new European Parliament in Strasbourg was a great opportunity for Avant Travaux, and their playful handling of space could unfold to the fullest. Set in the European Parliament's vast spaces, the furniture for the public areas tries at once to respond to the building's scale and to set new points of orientation. Every piece of furniture was tailor-made for specific needs, or designed to adapt flexibly to different functions and places.

European parliament
Parlement européen

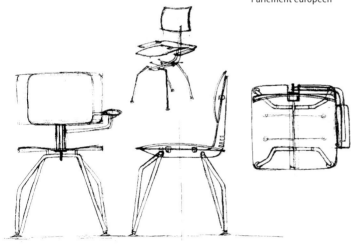

«Monsieur Pol»

Monsieur Pol, the hybrid chair for the members of parliament, can be transformed from an office chair with the appropriate comfort, to an armchair for receptions. Alcoves around the hemicycle, five metres high, echo the lobby's monumentality. And the bailiffs' offices along the corridor-streets, a kind of foldaway trunk, seem to calibrate the walk similar to street furniture.

La réalisation du mobilier destiné au nouveau parlement européen de Strasbourg a permis à Avant Travaux de donner toute la mesure de son talent pour gérer l'espace de façon ludique. Implanté dans un vaste bâtiment, ce mobilier cherche à la fois à répondre à l'échelle de l'édifice et à donner des points de repère. Chacun de ces meubles a été conçu «sur mesure» pour s'adapter à différents lieux et fonctions. «Monsieur Pol» par exemple, le fauteuil hybride des députés, est à la fois siège de bureau et fauteuil club. Autour de l'hémicycle, des alcôves de cinq mètres de hauteur font écho à la monumentalité du foyer. Le long des couloirs-rues, les bureaux des huissiers, sortes de malles de voyage escamotables, semblent étalonner le parcours à l'image d'un mobilier urbain.

Marc Barani
Nice

His language is elementary, his themes are existential. Marc Barani moves along borders, and seems to reconcile insurmountable contradictions in his being. While his first architectural oeuvre, the cemetery of Roquebrune-Cap Martin, was being built, dug with great physical presence into the site's topography. He worked on a virtual stage for La Villette. What links these two apparently so different projects is Barani's concern with the mental, rather than the physical body, with the perception of space, and the experience of time.

He is not an avantgardist, but an architect of continuity. In his search for harmony, he casually places the Valley of the Kings beside a composition by Piet Mondrian. He is no less endebted to the ancient high cultures than he is to classical modernism. With primary geometry, Barani pursues an architecture between the archaic and the abstract: sensual, topological and not free of monumentality. The poles of his work are to be found in art and anthropology, to which he relates his architecture. Interdisciplinarity is fundamental for the work of Barani: the collaboration with the scene-designer Brigitte Fryland, the designer Eric Benqué or the philosopher Jean-Marc Ghitti.

Marc Barani concluded his architecture studies at the university of Marseille with an anthropological project that led him to the roof of the world, to the Kathmandu valley, for a year. On an assignment for the CNRS (French Science and Engineering Resarch Council) he studied the city and culture of Kiritipur, where different spheres of life are not only divided by space but also by time. Another experience, not of minor importance, was assisting the famous photographer Jacques-Henri Lartigue (1884 – 1986). His sequences of image and points of view, distance and proximity, and not least the abstract staging of movement and body were to have a lasting influence on Barani.

Barani's projects are always path, movement that has become space. They transform a site's topography and purpose into mysterious places that thrive from the tight ambivalence between body and plane. He creates places that become immediately felt physical events. They call for a heightened perception of space, and can unexpectedly change into a highly individual experience of self. Marc Barani is a modeller of space, a poetic director of existential being, who searches to find physical reality yet in the time of the new technologies. He prefers to use the amorphous material concrete, which can be sculpturally shaped or remain abstract surface.

His home is the Côte d'Azur, that narrow strip of land between the snow-covered peaks of the Alps and «la grande bleu». Here, land construction must be wrought from the steep slopes, the architect must conquer his territory first. Barani's buildings are cut deeply into the landscape, always allowing, mysteriously and almost meditatively, the experience of the sky, the sun and the light of the Mediterranean. Above the small town of Roquebrune-Cap Martin, Barani split the mountain with a powerful spatial crevice. He transformed the confinement and the expanse of the town on the edge of the Mediterranean into a forceful experience of time and space, serving at the same time the purpose of creating the appropriate honour and quiet for a cemetery here.

Other projects serve more profane purposes, like the purification plant for Roquebrune-Cap Martin, which will become a promenade by the sea. Or the multi-purpose hall of La Gaude, which Barani inserted into the hillside with great virtuosity. The building, only 3.70 metres in height, not only grants unexpected views of the landscape, but seems to contain an astonishing expanse in its baroque sequence of spaces.

Barani's relationship to contemporary art is very close, and he has created several fascinating spaces for it: the office-exhibition space of art publisher Grégoire-Gardette in Nice, the Espace d'Art Concret in Mouans-Sartoux, and the Centre d'Art of Crestet. With a pragmatic architecture, not to be mistaken with minimalism, that shows space in a concrete manner and free of abstract interpretation, he has created spatial objects of elementary order and harmony. They are themselves works of art that can be compared only to the work of conceptual artists such as Maya Linn, Dani Karavan or Tony Smith.

Marc Barani, Nice

Son langage est élémentaire, ses thèmes existentiels. Marc Barani se joue des frontières et parvient à concilier des antagonismes apparemment insurmontables. C'est ainsi qu'il travailla simultanément à une scène virtuelle pour le parc de la Villette et à la réalisation de sa première œuvre architecturale: le cimetière de Roquebrune-Cap-Martin, caractérisé par une forte présence physique et profondément implanté dans la topographie locale. Le lien entre ces deux projets apparemment si différents est l'intérêt prédominant de Barani pour l'immatériel, et pour la façon dont on perçoit l'espace et le temps.

Barani n'est pas un avant-gardiste mais un architecte de la continuité en quête d'harmonie, qui parvient aisément à faire cohabiter la Vallée des Rois et une composition de Piet Mondrian. Il semble s'inspirer à parts égales des civilisations antiques et de la modernité classique. Son architecture à base de géométrie primaire est à mi-chemin entre l'archaïsme et l'abstraction: elle est sensuelle, topographique et teintée de monumentalité. Son œuvre pose l'architecture en relation avec l'art contemporain et l'anthropologie. La pluridisciplinité est fondamentale dans le travail de l'atelier: la collaboration avec la scénographe Brigitte Fryland, le designer Eric Benqué ou le philosophe Jean-Marc Ghitti.

Marc Barani a complété sa formation à l'École d'Architecture de Marseille par des études d'anthropologie qui l'ont conduit pour un an sur le toit du monde, dans la vallée de Katmandou. Avec une mission du CNRS, il y étudia la ville et la civilisation de Kiritipur, où coexistent des modes de vie distincts non seulement dans l'espace, mais aussi dans le temps. Une autre expérience fut également déterminante pour Barani: sa formation en tant qu'assistant auprès de Jacques-Henri Lartigue (1894 – 1986). Les séquences photographiques, le jeu constant entre éloignement et proximité, ainsi que la mise en scène abstraite du mouvement et des corps qui caractérisent l'œuvre du grand photographe ont durablement impressionné Barani.

Ses projets sont toujours des mouvements devenus espace, qui savent métamorphoser la topographie et la finalité des lieux, et vivent des rapports tendus qui existent entre le solide et la surface. Des lieux dont la densité augmente, qui deviennent des événements physiques directement palpables, qui exacerbent notre perception de l'espace, et qui offrent, pour montrer la persistence du réel en temps technologies nouvelles, une expérience hautement personnelle du moi. Marc Barani sculpte l'espace. C'est un poète qui met en scène le tangible en utilisant de préférence le béton, matériau amorphe qui peut être sculpté ou rester une simple surface abstraite.

Barani œuvre principalement sur la Côte d'Azur, étroite bande de terre confinée entre les sommets enneigés des Alpes et la «Grande bleue», où l'architecte doit conquérir son territoire aux flancs abrupts de la montagne. Les bâtiments qu'il construit s'encastrent profondément dans un paysage qui combine de façon fascinante, mystérieuse et presque méditative le ciel, le soleil et la lumière de la Méditerranée. Il a eu notamment l'idée géniale de pratiquer une profonde échancrure dans le coteau dominant le village côtier de Roquebrune-Cap-Martin, afin d'y installer un cimetière offrant calme et sérénité.

Parmi les projets plus profanes il se trouve une station d'épuration de Roquebrune-Cap-Martin – appelée à devenir un lieu de promenade en bord de mer –, ainsi que la salle polyvalente de La Gaude – un bâtiment remarquable construit à flanc de coteau, haute d'à peine 3,70 mètres, et dont les pièces à l'aspect baroque semblent étonnamment vastes, tout en offrant des vues surprenantes sur le paysage.

Barani entretient des relations très étroites avec l'art contemporain, pour lequel il a déjà réalisé plusieurs espaces fascinants: la salle d'exposition des éditions d'art Grégoire Gardette à Nice, l'Espace d'Art concret de Mouans-Sartoux et le Centre d'Art de Crestet. Ces lieux représentatifs d'une architecture concrète, qu'il ne faut pas confondre avec une architecture minimale sont caractérisés par un ordre et une harmonie élémentaires. Il s'agit d'œuvres d'art à part entière, ne pouvant être comparées qu'à celles d'artistes conceptuels tel que Maya Linn, Dani Karavan ou Tony Smith.

Extension of the Saint-Pancrace Cemetery Roquebrune-Cap Martin, 1990 – 1992

Extension du cimetière Saint-Pancrace

Cemetery entrance
Entrée du cimetière

Detail of intermediary level
Détail de la terrasse intermédiaire

Model of planned extension of cemetery
Maquette de l'extension prévue pour le cimetière

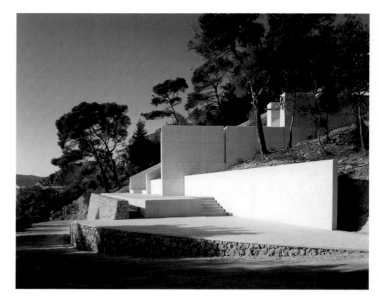

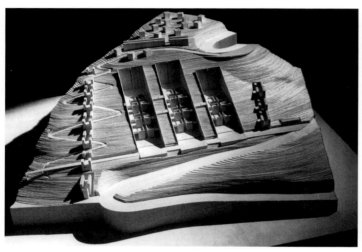

Like few other towns, Roquebrune-Cap Martin has been able to preserve its character from the building transgressions of the Côte d'Azur. The mountainside remains densely wooded with pine forests, and the buildings of the town, spread across the peninsula infront of it, remain small in scale. Above, on the steep mountainside, the town's cemetery for which Barani conceived an extension forcefully describes death as a return to the cycle of nature. Barani's intervention was archaic and enormous, placing the burial grounds in a deep crevice in the mountainside. Here, framed by powerful retaining walls and tombs, one gradually leaves the living world behind. Descending a steep stairway one reaches terraces, where, confronted with sky and sea, space extends infinitely and loses all measure of time. Barani's means are theatrical. He employs cleverly directed diversions and a changing series of framed views. He adds powdered marble to the concrete to give the enormous building volume an almost weightless character. Barani himself refers to his burial grounds as a friendly «métaphor of the tombe, of burial». In its moved scenography, the extension also connects to the grave of Le Corbusier, who rests only a few metres below in a kind of souffleur's box in the old cemetery. Further extensions have been planned. These will transform the grounds into a heterotopous spatial triad: three crevices framed by a massive wall of tombs as well as freestanding tombs along the serpentine of a river.
(Scenography: Brigitte Fryland)

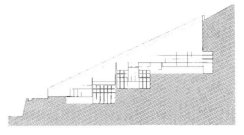

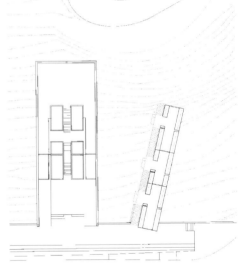

Roquebrune-Cap Martin est une des rares communes de la Côte d'Azur n'ayant pas été dénaturée par l'urbanisation. La côte est ici couverte de pins, et la péninsule très peu construite. C'est à flanc de colline que se trouve le cimetière communal pour lequel Barani a conçu une extension présentant de façon évidente la mort comme un retour au grand cycle de la nature. L'architecte a ici profondément encastré dans la pente une œuvre à la fois archaïque et monumentale. Entouré de caveaux et de murs imposants, le visiteur emprunte un escalier abrupt et quitte progressivement le monde des vivants, pour arriver à des terrasses face au ciel et à l'immensité de la mer, où l'espace se dilate à l'infini et le temps se vide de tout sens. Barani a employé divers procédés théâtraux: route sinueuse, série de vues encadrées, béton mêlé de poudre de marbre afin de conférer à l'édifice massif un caractère d'apesanteur. L'architecte qualifie lui-même le cimetière «métaphore de la tombe, de l'enterrement». L'esprit de cet ensemble à la scénographie monumentale domine la tombe de Le Corbusier, sorte de loge de souffleur située à quelques dizaines de mètres en contrebas dans le vieux cimetière. Une extension du nouveau cimetière est déjà prévue, avec trois saignées dans la roche encadrées par des murs massifs menageant des caveaux alignés le long d'un chemin en lacets.
(Scénographie: Brigitte Fryland)

Museum of Abstract Geometric Art Mouans-Sartoux, 1996 – 1998

Espace de l'Art concret

View of castle from roof terrace
Vue du château depuis le toit-terrasse

Mouans-Sartoux is located half-way between Cannes and Grasse. The village's old castle houses an exquisite collection of abstract geometric art. It owes its existence to Sybil Albers-Barrier and the Swiss painter and sculptor, Gottfried Honneger, who, as an ardent advocate of social art, linked the collection to the creation of a place for the active appreciation of art. Close to the castle, children and youth were to be given the opportunity to develop their own understanding of modern art through personal experience. Barani distributed the various activities in three areas, differentiated in terms of function and space. Near the castle, workshops and the library were accommodated in a body sunken into the ground on two sides. In a visual axis to it, he created a small amphitheatre. A place for sculptors adjoins it in the woods. Harmonic abstraction and movement-turned-space determine their conception, which aims to stimulate the senses and transform concrete art within space. The building's sunken entrance front, with its elementary rectangles of glass and concrete, seems to elaborate on Piet Mondrian's planar compositions. Inside, a centripetal spatial sequence unfolds on a 300 sqm footprint, evoking surprisingly diverse and individual spatial atmospheres for the different workshop areas. This is a building that begs to be discovered, connected to its exterior space in an ever-changing way.

Facing page:
Page de droite:

View of entrance
Vue de l´entrée

Interior view
Vue intérieure

View of north elevation towards the forest
La façade nord vers le parc

Longitudinal section
Coupe longitudinale

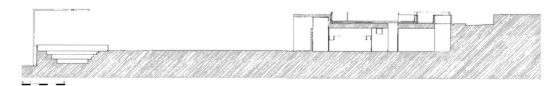

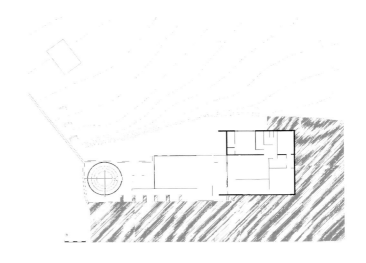

C'est dans le vieux château de Mouans-Sartoux, localité située à mi-chemin entre Cannes et Grasse, qu'est présentée l'exceptionnelle collection d'art concret rassemblée par Sybil Albers-Barrier et Gottfried Honneger. Ardent défenseur de l'art social, ce peintre et sculpteur suisse a voulu placer la collection au centre d'un lieu permettant aux enfants et aux jeunes de se familiariser activement avec l'art moderne par l'expérimentation directe. Barani a donc conçu trois espaces distincts pour abriter les différentes activités proposées: un bâtiment situé près du château, enterré sur deux côtés et abritant les ateliers et la bibliothèque; un petit amphithéâtre reconstruit dans le prolongement de ce bâtiment;

ainsi qu'un espace au milieu des bois consacré à la sculpture. Ces trois unités conçues comme des abstractions harmonieuses du mouvement sont destinées à éveiller les sens et matérialiser l'art concret dans l'espace. Avec ses rectangles élémentaires en verre et béton, la façade d'entrée semble être une reprise des compositions de Piet Mondrian. À l'intérieur, les pièces se succèdent sur 300 m^2 selon un enchaînement centripète, des hauteurs de plafond et un éclairage toujours changeant conférant à chacun des ateliers une atmosphère qui lui est propre. C'est là un bâtiment à découvrir, un bâtiment dont les rapports avec l'extérieur sont sans cesse renouvelés.

Plan
Plan

Model
Maquette

Town Hall Complex Saint-Jacques-de-la-Lande, 1998

Ilôt de la Mairie

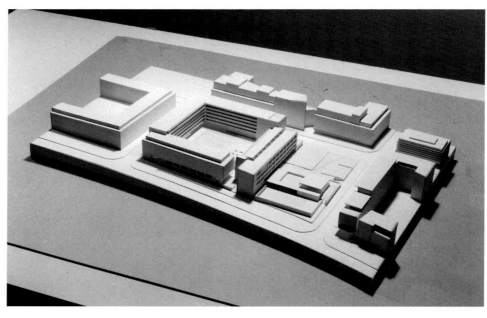

This project concerns the creation of a central public space on the periphery of a new town, revealing a different slant to Barani's work. His mairie, or town hall, is no longer defined as an isolated, representative public building. It is an implant integrated into the urban context. It only contrasts the young town's residential development in the diversity of its public spaces. Near the Breton town of Rennes, Barani produces his own agitated topography, transforming the block into an interesting passage, partially lined with sunken gardens. The heart of democracy, the *salle du conseil*, is presented to public view in a programmatically open way, in a pavilion located in front. Its inverted pyramid form and several shifts in scale relate to the two speeds of the town: to the pedestrians in the neighbourhood and to the motorists on the nearby, heavily-used route départementale.

Perspective
Perspective

Aerial view of model
Vue aérienne

Exhibition space
Salle d´exposition

Section
Coupe

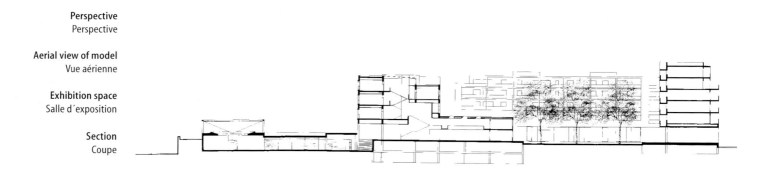

Ce projet portant sur la réalisation d'un bâtiment public destiné à une ville nouvelle en Bretagne introduit une dimension supplémentaire dans le travail de Barani. La mairie qu'il a conçue ne se définit plus comme un édifice magnifique de solitude dominant son environnement, mais comme un implant intégré au tissu urbain et ne se distinguant des immeubles d'habitation qui l'entourent que par ses nombreux aménagements intérieurs spécifiques à un bâtiment public. Barani crée ainsi non loin de Rennes une topographie animée, dans laquelle la barre se transforme en un passage varié complété par des jardins. La Salle du Conseil, où bat le cœur de la démocratie, est située dans un pavillon avancé transparent — tout un programme! La forme prégnante de la pyramide renversée et les divers sauts d'échelle se perçoivent á la vitesse des piétons comme à celle des voitures qui passent sur la route departementale à proximité.

Art Centre
Crestet, 1996

Centre d'art

The Centre d'Art of Crestet, dedicated to the experimental intervention and presentation of art in the landscape, is located in the Vaucluse area near Avignon. As an extension of the existing Maison Stahly, the new building, located on the extensive site's slopes of pines, is to unite temporary artists' housing with exhibition spaces and a small café. Barani's project is defined as a path and as a far reaching spatial sculpture within the open landscape. Its centre is a patio, open towards the valley. Void and density, exterior and interior, monastical remoteness and panoramic openness are intermeshed on tightest space, enabling an entirely individual path not only to the art, but also to the perception and appropriation of the space. (Scenography: Brigitte Fryland; artist: James Turrell)

Le Centre d'art de Crestet, situé dans le Vaucluse près de Avignon, se consacre à la présentation expérimentale de l'art dans le paysage. Conçu comme une annexe de la maison Stahly, l'édifice qui sera construit dans un vaste parc, sur une colline couverte de pins, se compose de salles d'exposition, d'une petite cafétéria et de logements temporaires pour artistes. C'est une ambitieuse œuvre plastique en plein air, agencée autour d'un patio s'ouvrant sur la vallée. Visant à offrir à chacun une approche personnelle de l'art, et à permettre au public de percevoir et de s'approprier l'espace, ce projet combine sur un terrain on ne peut plus exigu le vide et la densité, l'extérieur et l'intérieur, l'isolement monacal et l'ouverture panoramique. (Scénographie: Brigitte Fryland; éclairage artistique: James Turrell)

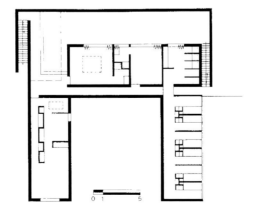

Perspective
Perspective

Model view from slope
Implantation du bâtiment
dans la pente

First floor plan
Plan du premier étage

Laurent + Emmanuelle Beaudouin
Nancy

A man of culture and born teacher, Laurent Beaudouin belongs to the set of architects who seek to embrace past and present within the same quest for modernity. Wandering through the suite of enfilade Baroque squares in Nancy, he wipes out borders between classicism and avant-garde. His points of reference are the 18th-century works bequeathed to us on Place Carrières and Place Stanislas by architect Emmanuel Héré and iron craftsman Jean Lamour, along with the works of Nancy-based engineers who pioneered reinforced concrete and steel construction, such as Jean Prouvé.

Right at the outset of his career, Laurent Beaudouin unhesitatingly took up position within the sphere of European urban architecture. His first construction, a corner building in Nancy that he designed in association with Christine Rousselot and Jean-Marie Roussel, bears the influential stamp of Alvaro Siza; indeed, the two architects already knew one another and would work together several years later on the urban plan for Montreuil (1992). Both share the same humanistic outlook and architectural ethic. Successive extensions to the Vittel Thermal Centre (1989 – 1991) reveal Laurent Beaudouin's vocabulary as Corbusian, mixed with a hint of Baroque, at a time when he had begun to teach in architecture schools alongside Christian de Portzamparc and Henri Ciriani. A number of constants can be perceived in his post-1988 buildings worked on in conjunction with his wife, Emmanuelle Beaudouin: strong etching on the landscape; horizontal base that anchors the buildings and marks out their threshold; clear-coated facades with curtain walls protected by sunshields; *pilotis* and open plan in reception spaces; interior sectioning, sets of ramps and stairways to underscore the *promenade architecturale*; wells of light with coloured plastic effects; and fusion between furniture and architecture (often designed in parallel). On another level, more modest schemes for private dwellings and small communal facilities pay tribute to Mies van der Rohe's cubic houses.

Laurent and Emmanuelle Beaudouin have close ties with the world of modern and contemporary art, notably Suprematism and minimalist sculpture. Rekindling the intense interchange formerly enjoyed between architects and visual artists, they frequently call on Yoshi Okuda, a Japanese sculptor living in France, to provide a counterpoint to their edifices. Similarly, they draw inspiration from experiments in scale produced by the German sculptor Matthias Goeritz, who worked with the architect Luis Barragan in Mexico during the time that Laurent Beaudouin was thinking of working there. As for their research into plasticity and wiping out gravity effects, this has been influenced by a certain number of Richard Serra's works. Their designs have likewise been nourished by theatrical and choreographic elements, in particular Bob Wilson's lighting designs for the Nancy festival. Their quest for modern space has led to fruitful rereading of the past. In the new Museum of Fine Arts in Nancy, for example (1998 – 1999), the facade's vertical plan, seemingly free of all gravity constraints, was inspired by a Florentine fresco by Andrea Del Castagno depicting the Last Supper.

This masterly transition from pictorial to constructed space points up the conceptual underpinning of Emmanuelle and Laurent Beaudouin's compositions: gravity, time and light. Like art, they endow architectural spaces with a meditative function, by slowing down perception of time and inviting visitors to pause as they step in from the outside world. A host of temporal devices comes into play: wells of natural light generating different effects depending on the time of day; leaps in scale from one room to the next; and guided movments by way of ramps and stairways.

The architects' abstract treatment of space does not, however, encroach upon the building's materiality. On the contrary. Each cladding is carefully selected (usually natural stone set against smooth concrete), as are inside light fixtures and colour schemes. Emulating the industrial tradition of quality in the Lorraine region, Laurent and Emmanuelle Beaudouin have developed a construction approach that does not seek to test out technology so much as to master aspects relating to comfort, heating, sound insulation and visual harmony. No detail is left to chance. For example, if a roof terrace is designed to be accessed, then they conceal ventilation ducts. Their architecture is hence modern, but embraces Vitruvius' timeless principles of beauty, comfort and solidity.

Laurent + Emmanuelle Beaudouin, Nancy

Homme de culture, pédagogue né, Laurent Beaudouin est un de ces architectes qui embrasse passé et présent dans une même quête de la modernité. Se promenant à travers l'enfilade des places baroques de Nancy, il annihile les frontières tracées entre classicisme et avant-garde. Les œuvres laissées au XVIIIème siècle sur la Place des Carrières et la Place Stanislas par l'architecte Emmanuel Héré et le ferronnier Jean Lamour, prendront pour lui valeur d'exemple au même titre que celles des ingénieurs nancéiens pionniers du béton armé et de la construction métallique, comme Jean Prouvé.

Tout au début de sa carrière, Laurent Beaudouin se plaça d'emblée dans la mouvance de l'architecture urbaine européenne. Son premier bâtiment, un immeuble d'angle à Nancy qu'il réalisa en collaboration avec Christine Rousselot et Jean-Marie Roussel, trahit l'influence d'Alvaro Siza, qu'il connaissait déjà, et avec lequel il travaillera plusieurs années après pour le plan d'urbanisme de Montreuil (1992) en partageant avec lui un même humanisme et une certaine éthique de l'architecture. Avec les extensions successives du Centre Thermal de Vittel (1989 – 1991) Laurent Beaudouin affirme une signature corbuséenne un rien baroque, à une époque où il commence à enseigner dans les écoles d'architecture avec Christian de Portzamparc, puis Henri Ciriani. Et l'on retrouvera certaines constantes dans les équipements qu'il construira à partir de 1988 en collaboration avec sa femme Emmanuelle Beaudouin: forte inscription dans le paysage ; présence d'un socle horizontal qui ancre le bâtiment et en marque le seuil ; façades à enduit clair alternant avec des murs rideaux protégés par des brises-soleils ; pilotis et plan libre dans les espaces d'accueil ; travail en coupe à l'intérieur qui souligne les promenades architecturales aux travers d'enfilades de rampes et d'escaliers ; puits de lumière colorés aux effets plastiques ; harmonie du mobilier et de l'architecture conçus souvent ensemble. Tandis que d'autres projets plus modestes de maisons privées et de petits équipements communaux, paieront tribu aux plans des maisons cubiques de Mies van der Rohe.

Laurent et Emmanuelle Beaudouin cultivent une familiarité avec l'art moderne et contemporain, le suprématisme et la sculpture minimaliste notamment. Renouvelant le dialogue étroit qu'entretenaient autrefois les architectes avec les arts plastiques, ils ont fréquemment recours au sculpteur japonais installé en France, Yoshi Okuda, pour intervenir en contrepoint de leurs édifices. Ils se sont inspirés aussi des manipulations d'échelle du sculpteur allemand Matthias Goeritz, qui collabora avec l'architecte Luis Barragan au Mexique à une époque où Laurent Beaudouin pensait s'y installer. Certaines œuvres de Richard Serra ont également orienté leur travail plastique sur les effets de gravité. Ils se sont nourris des expériences théâtrales et chorégraphiques, en particulier des scénographies de lumière que Bob Wilson développa au Festival de Nancy. Mais cette quête de l'espace moderne peut aussi les amener à des relectures fécondes d'un héritage plus ancien. Dans le nouveau Musée des Beaux Arts de Nancy (1998 – 1999), c'est une fresque florentine d'Andrea Del Castagno représentant la cène qui a inspiré le plan vertical de la façade qui semble se libérer des contraintes de gravité.

C'est dans ce passage savant de l'espace pictural à l'espace bâti que se révèlent les obsessions propres à Laurent et Emmanuelle Beaudouin: la gravité, le temps et la lumière. Comme l'art, l'espace architectural revêt pour eux une fonction méditative, en ralentissant la perception du temps, en ménageant une pause une fois franchi le seuil avec le monde extérieur. Les puits de lumière naturelle colorée et changeante selon les heures de la journée, les sauts d'échelle d'une pièce à l'autre, la mise en scène du déplacement du corps à travers des rampes et des escaliers, participent de ces artifices temporels.

Mais ce travail abstrait sur l'espace ne s'affranchit pas de la matérialité de la construction. Tout au contraire. Un grand soin est donné aux choix des revêtements, pierre naturelle le plus souvent contrastant avec le béton lisse, mais aussi à celui des luminaires et des couleurs à l'intérieur du bâtiment. S'appuyant sur la tradition industrielle de qualité de la Lorraine, Laurent et Emmanuelle Beaudouin ont développé une attitude constructive qui ne recherche pas tant l'expérimentation technologique que la maîtrise du confort et des ambiances thermiques, acoustiques et visuelles. Ils ne laissent aucun détail au hasard, camouflant par exemple les gaines d'aération d'une toiture-terrasse s'ils l'ont conçue pour être accessible. Modernes donc, mais selon les principes intemporels de Vitruve: beauté, commodité, solidité.

The François Mitterand Médiathèque
Poitiers, 1996 – 1997

Médiathèque François-Mitterand

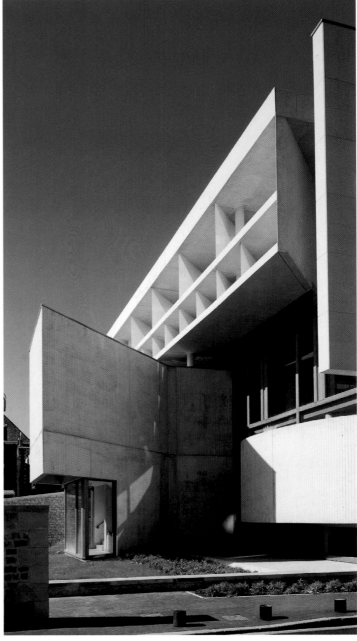

This multimedia library is located in the historic heart of Poitiers, near the romanesque church of Notre-Dame la Grande, along the Roman city wall.

The scheme, woven into a tightly-knit urban fabric, draws on the site's incline to create two ground floors. The higher one contains the main entrance accessed through a garden via a ramp facing Notre-Dame la Grande. The lower one opens out onto a concourse that edges one of the side streets in the old town.

The building's geometry is a simple square that receives light through its roof and three sides facing east, west and north. The glazed facades are protected by hanging sunshields. Inside, the plan is open and girded by mezzanines. On the facade, niches illuminated by wells of coloured light provide private lighting for readers and multimedia users.

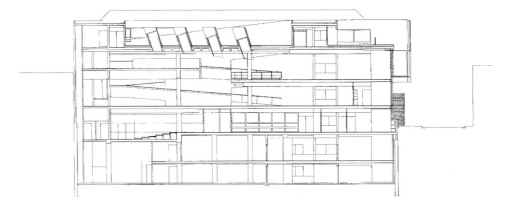

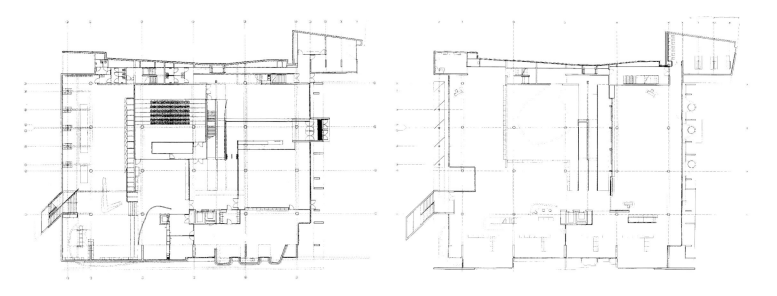

La Médiathèque est située dans le cœur historique de Poitiers, à proximité de l'église romane Notre Dame la Grande et le long du mur d'enceinte datant de l'époque romaine.

Le projet, qui s'insère dans un tissu urbain très serré, utilise la déclivité du terrain pour créer deux rez-de-chaussée: le plus haut, est celui de l'entrée principale accessible à travers un jardin par une rampe qui donne vers Notre-Dame de la Grande ; le plus bas s'ouvre sur un parvis le long d'une rue secondaire de la vieille ville.

La géométrie du bâtiment est un simple carré prenant la lumière par le toit et sur trois côtés: Est, Ouest et Nord. Les façades vitrées sont protégées par des brises soleils suspendus. Le plan libre intérieur est entouré de mezzanines. En façade, des niches éclairées par des puits de lumière colorés offrent des ambiances intimes aux lecteurs et utilisateurs du multimédia.

**Ground floor plan,
street level**
Plan du rez-de-chaussée,
niveau rue

**Plan of upper level
with auditorium**
Plan niveau supérieur
salle de lecture

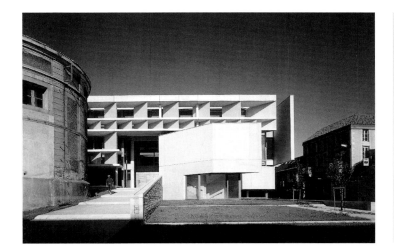

Garden facade
Façade sur jardin

Multimedia room
Salle de la médiathèque

Museum of Fine Arts
Nancy, 1999

Musée des Beaux-Arts

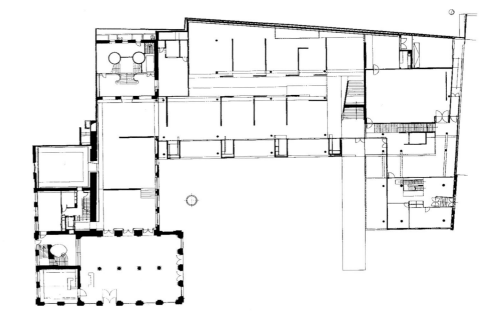

The aim of this project was twofold: first, to renovate the old museum – an 18th-century palace overlooking Place Stanislas – and second, to create a two-storey extension in the rear section of the garden. The programme includes new museum rooms, art library, exhibition space and a basement auditorium built on the remains of the former stronghold excavated during the construction phase and which previously marked the limits between the old town of Nancy and its Baroque extension.

The new open-plan rooms all differ in size and colour scheme; they house a rich art collection which dates from the Renaissance and contains exhibits of renowned Nancy glass. The ground floor is partly given over to large format paintings from the turn of the 20th century, and a ramp hyphenates the two storeys. Several architectural devices serve to generate fluidity and transition space between the building and garden, such as displaying special collections in niches tucked into the facade's double depth and illuminated by natural light. The paved green granite floor extends out through the ground-level glazed wall and visually blends with a carpet of ivy. Similarly, the Museum's interior is reflected in the water of an ornamental lake. A layer of stone on the first-floor facade (both load-bearing and cantilevered) seems to free itself from gravity and penetrate the room linking the old building with the new structure.

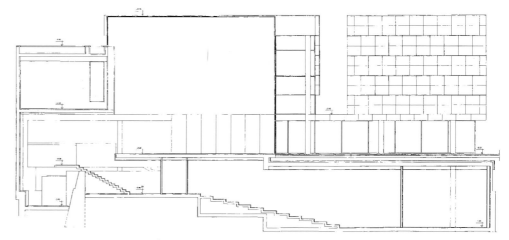

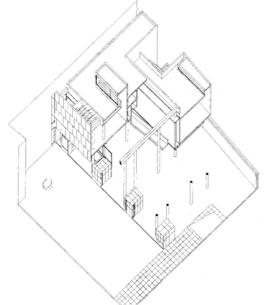

Ground floor plan
Plan du rez-de-chaussée

Cross section showing auditorium at lower level
Coupe transversale avec auditorium en sous-sol

Axonometric showing structural system of the facade
Axométrie montrant le système porteur en façade

46

View from garden
showing existing
museum and
extension
Façade sur jardin,
ancien et nouveau musée

Le programme comprend la rénovation de l'ancien Musée, un palais du XVIIIe siècle donnant place Stanislas, et son extension sur deux niveaux dans la partie arrière du jardin, avec de nouvelles salles muséographiques, une bibliothèque d'art, un espace d'exposition et un auditorium en sous-sol qui prend appui sur les vestiges d'un ancien bastion dégagé à l'occasion du chantier, qui marquait la limite entre la vieille ville et l'extension baroque de Nancy.

Les nouveaux salles, toute différentes en volume et en coloration, s'organisent sur un plan libre en fonction d'une riche collection d'art remontant à la Renaissance et comprenant les fameuses verreries nancéiennes. Le rez-de-chaussée accueille la peinture grand format du tournant du XXè siècle. Une rampe assure la liaison entre les deux niveaux du Musée. Plusieurs dispositifs architecturaux génèrent une continuité et un entre-deux entre l'architecture et le jardin: des collections spécifiques sont logées dans des niches s'insérant dans la dou-

ble épaisseur de la façade et s'éclairant par des caissons de lumière. Le sol dallé de granit vert se prolonge à travers la paroi vitrée du rez-de-chaussée et se fond visuellement dans une couverture végétale de lierre. Reignant à même niveau, les eaux d'un bassin reflètent l'intérieur du Musée. Au premier étage, un voile de pierre en façade, à la fois porteur et suspendu en porte-à-faux, donne l'impression de s'affranchir de la gravité et pénètre à l'intérieur de la salle qui articule l'ancien et le nouveau bâtiment.

Access ramp leading to
upper level
Claire-voie de la rampe au
premier étage

Exhibition Centre
Nancy, 1995

Parc des Expositions

This programme consisted of restructuring a 135m-long hall, built in the sixties by the Parisian engineer Stéphane du Château. Inside, the scheme lays bare the original load-bearing structure comprising «V»-shaped supports and a tridimensional roof structure. Outside, the galvanised steel walls have been clad in horizontal wood panels, with a band of translucent polycarbonate running across the top.

The linear effect is underscored by a new gallery providing exterior access, coupled with a new restaurant and terrace that punctuate the structure on one of its outer edges. The building can be read as a horizontal brush stroke creased by a pleat.

Corner view with cafeteria
Vue extérieure sur l'angle de la cafétéria

Interior view with exposed V-shaped supports and the original three-dimensional roof structure
Vue intérieure avec la mise à nu de la structure poteau en V et de la couverture tri-dimensionnelle d'origine

Elevation sketch
Esquisse main levée

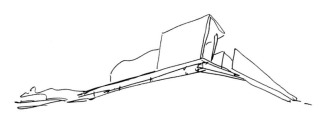

Plans of ground floor and cafeteria terrace level
Plans du rez-de-chaussée et du niveau terrasse de la cafétéria

Le programme consistait à restructurer une halle de 135 m de long, construite dans les années soixante par l'ingénieur parisien Stéphane du Château. À l'intérieur, le projet révèle la structure porteuse d'origine constituée de poteaux en «V» et d'une couverture métallique tridimensionnelle. Les parois en acier galvanisé ont été recouvertes à l'extérieur d'un bardage horizontal en bois laissant, en hauteur, un bandeau translucide en polycarbonate.

L'effet de linéarité, accentuée par une nouvelle galerie d'accès extérieure, se termine sur le nouveau restaurant et sa terrasse qui ponctuent le bâtiment à l'une des extrémités. Dans le paysage, le bâtiment se lit comme un trait de pinceau horizontal brisé par un pli.

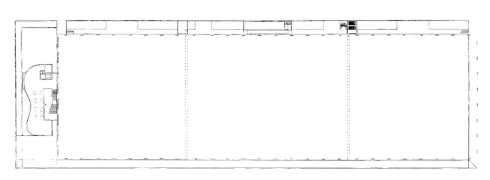

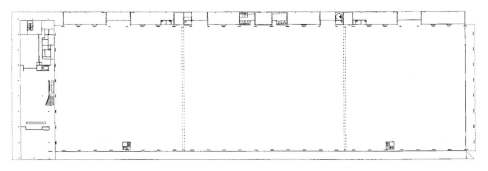

Law and Economics Library
Besançon, 1993

Bibliothèque de droit et sciences économiques

Located in the upper part of Besançon and edging the grounds of the Parc de l'Observatoire, the library is positioned on a slight embankment that follows the natural slope of the land. The transparent ground floor establishes a dialogue between the library's concourse and the park trees behind. Underlined by vertical sunshields in enamelled glass, the first-floor reading room seems suspended above a transparent space. Inside the foyer, three large circular wells (analogous to the observatory's telescopic turrets) enmesh and diffuse natural light, creating an open form above the research and administration zone.

The side facades comprise bands of regional unpolished red stone laid horizontally.

View of corner between entrance and side facade
Angle de l'entrée et de la façade latérale

Sketch showing hall with reception
Croquis à main levée du hall d'accueil

Reading room
Salle de lecture

Ground floor plan
Plan du rez-de-chaussée

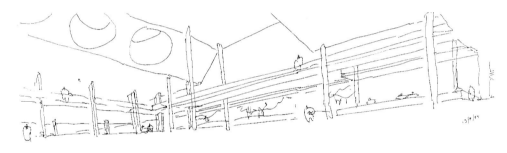

Située sur les hauteurs de Besançon en bordure du parc de l'Observatoire, la Bibliothèque est posée sur un léger remblai rattrapant la pente naturelle du terrain. La transparence du rez-de-chaussée met en relation le parvis de la Bibliothèque avec les arbres du parc vers l'arrière. Scandée par des brise-soleil verticaux en verre émaillé, la salle de lecture à l'étage est comme suspendue au-dessus d'un espace transparent. À l'intérieur du hall d'accueil, trois grands puits circulaires analogues aux tourelles téléscopiques de l'Observatoire captent et diffusent la lumière naturelle. Ils créent une volumétrie ouverte au-dessus de la zone de recherche et de l'administration.

Les façades latérales sont constituées de bandeaux de parement en pierre rouge de la région, non polies et posées à l'horizontale.

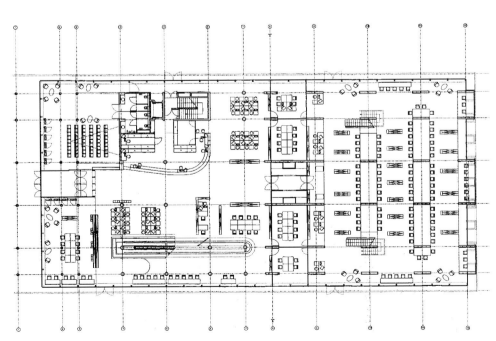

Pierre du Besset & Dominique Lyon
Paris

At the time of its opening in 1990, Du Besset & Lyon's headquarters building for the daily newspaper Le Monde, was the talk of Paris. Its banded facade, curved like a newspaper press, intrigued critics, used to the high-tech feats of endorsed transparent architecture. Was this one of those Marcel Duchamp-like twists, expressing a pop architecture revival? The Orleans Médiathèque, completed four years later, suggested similar stylistic provocation. Viewed from a distance, the building stands out between the chevet of a neo-Gothic church and several levels of modern, narrow projecting balconies, resembling some kind of Venturi box decorated with quasi-commercial cladding and a huge Cyclopean opening that keeps an eye on motorists. Closer up, opinions changed. The building seemed to have been accorded the right scale in its heterogeneous neighbourhood. Far from neutral, the interior proved to be a complex series of spatial flows. Natural light flickers in, depending on the sun's orientation and how strongly it beats through the perforated metal ripples laid as a double skin on the glass facade. The plate-glass windows jutting over the facade thrust readers into the cityscape. A strange filiation can be sensed between this falsely industrial aesthetic and the expressive Le Corbusier period, about which Dominique Lyon had just begun to write a book. It bears noticeable similarities with the pilgrim church in Ronchamp, in terms of its enigmatic dialectic between scales, unitary form and individualized sites.

The right explanation would only come later, in a series of talks Dominique Lyon gave on his concept of «pleasant and ordinary architecture.» The series is summarized in a small but perceptive and succinct work published in 1997. Ordinary, which he feels must not be confused with traditional, is a notion reinvented in every period; its success is closely dependent on how the elite perceive the world – and he includes clients and architects in this bracket – as well as their capacity to take into consideration the various elements that make up our society: «The ordinary is a product, here it must have the capacity to attract. It must satisfy the greatest number; it must satisfy the public. It results from the constant renewal of values imposed by a democratic society. It results from the constant renewal of goods imposed by an industrial society.» While the modern European Movement originally managed to make a stark aesthetic based on mass production coincide with quality housing for large numbers, architecture and cities have been in a continuing state of crisis for decades. Dominique Lyon puts forward several reasons for this. Professionally divided and stuck in a normative, technocratic system, architects have stopped promoting and communicating new values. In these days of mass consumption and fragmented ideas, they have replaced pragmatic thinking on the programme by overemphasis on the sign. And decision-makers, divorced from the tastes of the average person in the street, overestimate the heritage aspect at the expense of a free and open aesthetic. The «pleasant and ordinary» remains an exception for them or is misinterpreted as mediocre.

Naturally, Du Besset & Lyon share a certain form of Americanism with such leading modernists in European architecture as Rem Koolhaas and Jean Nouvel. Because it has always been the land of opportunity for the «pleasant and democratic ordinary», the United States is their reference point, with its urban fringes and supermarkets, its service stations, parking lots and shopping malls, its cinema complexes, international hotels, airports and service buildings.

But it is in a suburb of Paris (Gagny), that Du Besset & Lyon have superbly illustrated their manifesto of the «pleasant and ordinary», in a housing block whose stark aesthetic seems to revive the «objective» architecture of the 1920s, as well as its domestic qualities. «New [attractive] housing concepts: surface area greater than the norm, generous light, architecture running from the inside out, roof terraces, flexible layout, the possibility of impacting one's environment, piles to free up the ground level, landscaping and effectively integrating cars into the urban scheme».

Pierre du Besset & Dominique Lyon, Paris

Au moment de son inauguration début 1990, le siège du quotidien Le Monde construit par du Besset & Lyon défraya la chronique parisienne. Sa façade en bandeaux, bombée comme une rotative, intriguait la critique, plus habituée aux prouesses high-tech d'une architecture alors officiellement transparente. Avait-on affaire à un détournement à la Marcel Duchamp qui manifesterait un revival de l'architecture pop ? Terminée quatre ans plus tard, la médiathèque d'Orléans, laissait penser à une provocation stylistique du même genre. De loin, le bâtiment se profilait entre le chevet d'une église néo-gothique et plusieurs niveaux de balcons filants modernistes. Elle ressemblait à une boîte à la Venturi, décorée d'un bardage quasi commercial avec un grand percement cyclopéen qui regardait de loin les automobilistes. De près, l'avis changeait. L'équipement semblait avoir trouvé la juste échelle dans ce quartier hétérogène. Loin d'être neutre, l'intérieur se révélait un enchaînement spatial complexe. La lumière naturelle jouait poétiquement selon l'orientation du soleil à travers les vaguelettes métalliques perforées qui venaient en double-peau de la façade en verre. Les baies vitrées en excroissance sur la façade mettaient le lecteur directe en prise avec le paysage urbain. Et l'on devinait la filiation étrange qui liait cette esthétique faussement industrielle à la période expressive de Le Corbusier sur laquelle Dominique Lyon commençait à préparer un livre. On pensait en particulier à la chapelle de Ronchamps, où la dialectique des échelles, entre la forme unitaire et les lieux individualisés, se concrétisa de façon énigmatique.

L'explication raisonnable ne vint que plus tard, dans une série de conférences que Dominique Lyon donna sur sa conception d'une «architecture ordinaire et heureuse», et qui furent résumées dans un petit fascicule alerte et précis, publié en 1997. L'ordinaire, qu'il ne faut pas confondre pour lui avec la tradition, est une notion qui se réinvente à chaque époque et dont le succès dépend étroitement de la vision du monde des élites, dont font partie maîtres d'ouvrages et architectes, et de leur capacité à intégrer les différentes composantes de la société: «L'ordinaire est un produit, il dépend de sa capacité à séduire, il est lié au contentement du nombre, du public. Il est une conséquence du constant renouvellement des valeurs qu'impose la société démocratique. Il est le résultat du constant renouvellement des marchandises qu'impose la société industrielle». Si le Mouvement moderne européen avait su à ses débuts faire coïncider une esthétique dépouillée, fondée sur une production standardisée, avec des performances remarquables d'habitabilité pour le plus grand nombre, depuis plusieurs décennies la crise est permanente dans la sphère de l'architecture et de la ville. Dominique Lyon donne plusieurs raisons à cela. Les architectes, professionnellement divisés et engluées dans un système normatif et technocratique, ont lâché prise sur la promotion et la diffusion de nouvelles valeurs. En ces temps de consommation de masse et de pensée éclatée, ils ont remplacé une pensée pragmatique sur le programme par une surenchère du signe. Et, les décideurs, en divorce avec le goût des «gens communs», survalorisent l'aspect patrimonial au dépend d'une esthétique libre et ouverte. L'«ordinaire heureux» reste pour eux affaire d'exception ou se confond à contre-sens avec le médiocre.

Bien sûr, Du Besset & Lyon communient dans une certaine forme d'américanisme avec les chefs de file modernistes de l'architecture européenne comme Rem Koolhaas ou Jean Nouvel. Car, depuis toujours terre d'élection de cet «ordinaire heureux et démocratique», l'Amérique reste pour eux la référence, avec ses franges urbaines et ses supermarchés, ses stations-services, parkings et galeries commerciales, ses complexes de cinéma, ses hôtels internationaux, ses aéroports et ses immeubles tertiaires.

Mais c'est en banlieue parisienne, à Gagny, que Du Besset & Lyon viennent à merveille d'illustrer leur manifeste de l'«ordinaire heureux» en réalisant un immeuble de logement, dont l'esthétique dépouillée semble renouer avec l'architecture «objective» des années vingt et ses qualités domestiques, où «le logement [séduit] par de nouvelles performances: surface accrue par rapport aux normes, lumière généreuse, prolongements extérieurs, utilisation des toitures-terrasses, souplesse d'aménagement, possibilité d'agir sur son environnement, aménagement des rez-de-chaussée ou pilotis, traitement paysagé, intégration heureuse de la voiture».

Médiathèque
Orléans, 1992 – 1994

Médiathèque

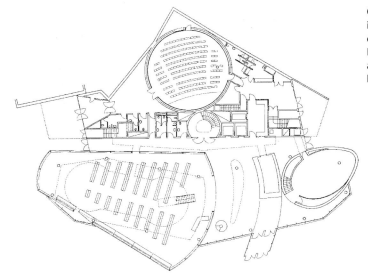

The new multimedia library in Orléans is located at a break in the main boulevard separating the town centre from its inner suburbs. The building is the major focal point aterial road, assuming a monumental position and orchestrating a highly heterogeneous urban landscape punctuated by a neo-Gothic church, a 1970s high-rise housing block with narrow projecting balconies and small turn-of-the-century broad stone buildings. The authorities agreed to a change in layout of the public space so as to underscore the library's urban significance.

The plan and section reveal a tripartite functional organization: public foyers at the front, service and circulation strip in the centre, followed by a large auditorium, then ancillary and administrative rooms at the back. This public multimedia library is conceived as a large unitary space divided into organically-shaped decks arranged along a transparent and dynamic circuit. The programmatic components (lending room, reading room, periodicals and cafeteria) are treated independently, each endowed with its own geometry and colour scheme. Various-shaped openings jut out on the facade, offering users direct views out to the city: latticework semi-cylinder for the reading room, large plate-glass window for the reading room and projecting window for the children's room.

The main facade on the boulevard illustrates this dialectic of spatial unity and fragmentation, transparency and opacity, enclosure and openness out to the exterior. It resembles a box covered in rippled, perforated aluminium cladding, a double skin that allows natural daylight to penetrate through the glass curtain wall, and in the evening, reflects the building's artificial light out onto the cityscape.

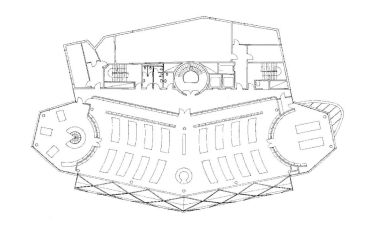

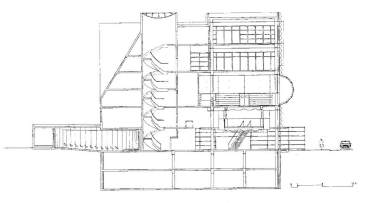

Side facade
Vue latérale

Exterior view, treatment
of public space
Vue de l'extérieur, traitement de l'espace public

Reading room window
Fenêtre de la salle de
lecture

La nouvelle Médiathèque d'Orléans se situe à la cassure d'un grand boulevard qui marque la limite entre le centre-ville et ses faubourgs. Point focal de l'artère de circulation, elle assume une position monumentale et fédère un paysage urbain très hétérogène ponctué par une église néo-gothique, une tour d'habitation à balcons filants des années soixante-dix et des petits immeubles en pierre de taille du tournant du siècle. Sur la proposition des architectes, les autorités ont d'ailleurs consenti à modifier le tracé de l'espace public pour renforcer la signification urbaine de l'équipement.

Le plan et la coupe montrent une organisation fonctionnelle tripartite: salles d'accueil et de sé-jour du public en façade, bande de services et de circulation au centre, puis grand auditorium, salles annexes et administration à l'arrière de la parcelle. Le volume de la Médiathèque réservé au public est conçu comme un grand espace unitaire fragmenté en plusieurs plateaux aux formes organiques qui s'articulent le long d'un parcours transparent et dynamique. Les entités du programme (salle de prêt, salle de lecture, périodiques, cafétéria) sont traitées comme des pièces à part entière avec une géométrie et une ambiance colorée particulière et se distinguent en façade par des ouvertures en saillies de formes variées qui offrent aux lecteurs et autres utilisateurs des points de vue immédiats sur la ville: demi-cylindre à treillis pour la salle de lec-ture, grande baie vitrée pour la salle de lecture, fe-nêtre en excroissance pour la salle des enfants.

La façade principale sur le boulevard illustre cette dialectique de l'unité spatiale et de la frag-mentation, de la transparence et de l'opaque, de l'enclos et de l'ouverture vers le dehors. Elle se pré-sente comme une boîte recouverte d'un bardage d'aluminium perforé et lamellé en forme de va-guelettes, une double peau qui laisse pénétrer la lumière naturelle du mur rideau vitré et, inverse-ment, renvoit le soir l'éclairage artificiel du bâti-ment sur le paysage urbain.

Library
Troyes, 1998 – 2000

Bibliothèque de Troyes

View from
Boulevard Gambetta
Vue depuis le
boulevard Gambetta

Although the new library in Troyes is barely visible from its main entrance on Boulevard Gambetta, it can be perceived from afar by virtue of its folded translucent polycarbonate roof structure. The roughly 100-metre-long plot runs beside a parking area, its rear hidden by a new fast-food building. Du Besset & Lyon have deliberately opted for a transparent front so as to attract the public from the street – the library's interior volumes can hence be glimpsed through the screen print glazed facade.

The ground-floor plan draws on depth by juxtaposing enfilade volumes separated by opaque and transparent partitioning: children's reading room, lending room for the standard library collection and special rare books room boasting a wide monumental staircase and theatrically-arranged shelves. Organization is less complex on the upper floor: four single-partitioned adult reading rooms containing books for public use.

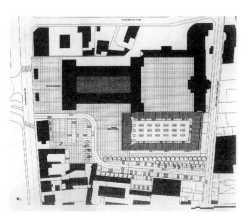

Site plan
Plan de situation

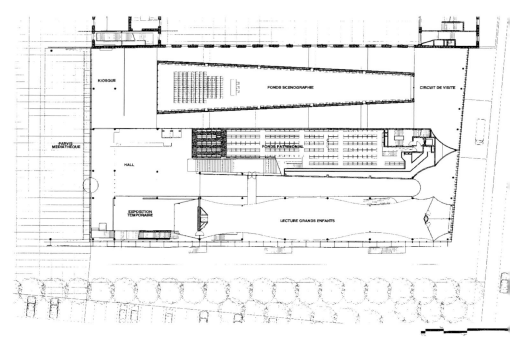

Ground floor plan:
information area, exhibition spaces, rare books and standard collection, children's library
Plan du rez-de-chaussée:
accueil, expositions, réserve de livres rares et fond courant, bibliothèque pour la jeunesse

Hall at upper level
Interieur, hall de l'étage

Perspective of
main facade
Perspective sur la
façade principale

Side-street facade
Vue de la façade sur
la rue secondaire

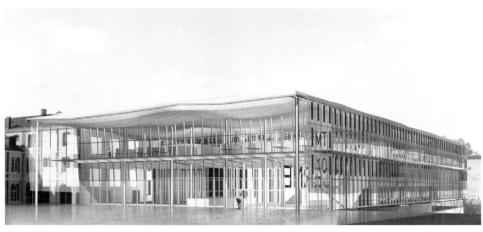

La nouvelle Bibliothèque de Troyes dispose d'une faible visibilité depuis l'entrée principale sur le boulevard Gambetta. Le terrain d'une centaine de mètre de long se trouve rejeté à l'arrière d'une nouvelle construction occupée par un fast-food et flanqué d'une aire de stationnement. Du Besset & Lyon ont donc intentionnellement renoncé à tout effet de matérialité en façade en jouant au contraire sur des matériaux transparents pour attirer le public depuis la rue. Le bâtiment se découvre de loin par le plissage de sa couverture translucide en polycarbonate, tandis que les vitrages sérigraphiés de la façade laisse voir en transparence les volumes intérieurs de la bibliothèque.

Au rez-de-chaussée, le plan s'organise en profondeur par la juxtaposition de grands volumes filants et cloisonnés de manière opaque ou transparente: salle de lecture pour enfants, salle de prêt pour le fond bibliographique courant, salle particulière pour le fond de livres rares présentés de façon scénographique dans la perspective des rayonnages, escalier monumental développé en longueur. À l'étage supérieur, le système se simplifie avec une partition simple en quatre salle de lecture pour adultes et livres en libre-accès.

Hall at ground floor level
Interieur, hall du
rez-de-chaussée

«Les Tilleuls» Housing Block Gagny, 1997 – 1999

Immeuble de logements «les Tilleuls»

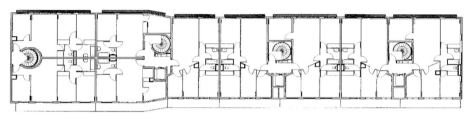

Ground and first
floor plan
Plan du rez-de-chaussée
et du premier étage

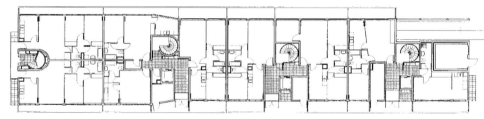

Drawing on an extremely «objective» aesthetic, this seven-storey housing block in Gagny is in more than one respect emblematic of the «pleasant and ordinary» advocated by Du Besset & Lyon. Containing 55 apartments, it is based on an ultra-simple structure: a large white parallelepiped with light dynamic folding at the beginning of the gable, which is serrated into a pyramid by balconies. The ratio of openings to mass is high, about 40%. There are two registers of openings: on the lower storeys, independent plate-glass windows are connected by narrow projecting balconies, while windows form continuous bands on the upper floors. Small private gardens align the street and ensure privacy for the ground-floor apartments. The car park entrance is located at the rear of the plot.

All the apartments have through views or are double aspect, with at least one opening that faces south. Each has a balcony or terrace. Thirty units have an additional room measuring a somewhat unusual 7m^2, positioned next to the kitchen and leading into the living room. Tenants can, if they so wish, easily remove the light partition separating this space from the kitchen. Each architectural element on the facade corresponds to a plus for users (balconies, terraces, glass canopies, terrace separators).

D'une esthétique très «objective», cet immeuble de logements à Gagny est à plus d'un titre emblématique de l'»ordinaire heureux» que du Besset & Lyon revendiquent pour leur travail. Il comprend 55 logements en accession à la propriété répartis sur 7 niveaux. Sa volumétrie est très simple: un grand parallélépipède enduit de blanc présente juste un léger pliage dynamique à l'amorce du pignon qui s'échancre en pyramide par des balcons-terrasses. Le rapport percements/pleins est important: environ 40%. On y trouve deux registres de fenêtres: dans les étages inférieurs, des baies vitrées indépendantes sont reliées par des balcons filants, en hauteur elles forment des bandeaux continus. Des petits jardins privés agrémentent l'alignement sur la rue et protègent l'intimité des appartements en rez-de-chaussée. L'entrée des parkings est rejetée sur l'arrière de la parcelle.

Tous les appartements sont traversants ou bénéficient de deux orientations dont au moins une vers le sud. Chacun dispose d'un balcon ou d'une terrasse. Trente logements comportent d'une pièce supplémentaire hors norme d'une surface de 7 m2 placée en continuité de la cuisine et bénéficiant d'un accès vers le séjour. La possibilité est laissée au locataire de dégager la cloison légère qui la sépare de la cuisine. Chaque expression architecturale en façade correspond à un avantage en terme d'usage pour les logements (balcons, balconnets, terrasses, marquise, séparatifs de terrasses).

56

Library
Rungis, 1998 – 1999

Bibliothèque

This low-budget programme involved converting a former industrial building into a local library. Du Besset & Lyon made few changes to the building's envelope, concentrating more on interior design. Set on piles, a polyester shell delineates a mezzanine for documentation, while freeing up space below for bookshelves. It resembles a large piece of furniture taking up the maximum amount of space under the huge roof, which serves to provide a measure of its exact scale.

View of mezzanine
Vue de la mezzanine

Ce programme à petit budget consistait à reconvertir une ancienne halle d'activité en bibliothèque de quartier. Du Besset & Lyon sont intervenus de façon minimale sur l'enveloppe du bâtiment en concentrant leur effort sur l'aménagement intérieur. Posée sur pilotis, une coque de polyester dessine une mezzanine pour l'espace documentaire et dégage en-dessous les rayonnages des livres en libre accès. Son registre est celui d'un mobilier à grande échelle qui vient occuper au maximum l'espace sous la vaste toiture lui conférant sa mesure exacte.

Plan of mezzanine level
Plan de la bibliothèque
niveau mezzanine

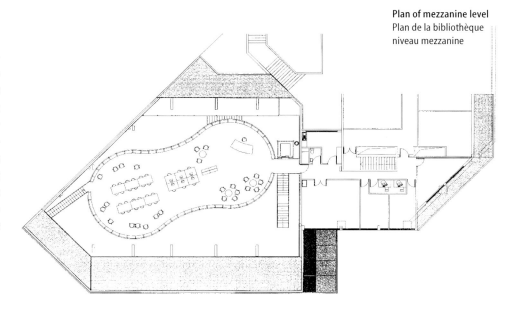

Frédéric Borel
Paris

At just 25 years of age, Frédéric Borel enjoyed early success by careering down the road of new expressionism, paved several years previously by the architects Christian de Portzamparc and Henri Gaudin. But the generous forms of his first building, whose exuberant prow juts over Boulevard de Belleville, showed him to be seeking something more. The structure reads as a fundamental calling into question of «sensible» ideas regarding urban architecture. By virtue of the doctrine that grew out of this first youthful impulse, he has since become a leading figure on the Parisian stage, questioning the values of singularity and banality that characterise the towns of today.

In short, Frédéric Borel sees an ineluctable severance between communication networks and public space, and believes that public authorities should be stripped of their legitimacy to display monumental elements. This would thereby allow architecture to be treated *per se*, whatever its end purpose – housing, offices or communal facilities – rather than being assigned a functional rank. It mustn't be forgotten that in just over a century, the French metropolis *par excellence* – Paris – will have gone through three different stages. Up until Haussmann, modern water, gas, electricity and sewerage networks all ran along the underside of roads. The underground was the first electric means of transport to operate below ground level. Later, the automobile was to be accorded its own exclusive road – the motorway. And today, telecommunication and multimedia networks no longer need the spatial support of the street. For Frédéric Borel, this total divorce between the physical routes of contemporary networks and inhabitants' dwellings tolls a new era in the conceptual work undertaken by architects. From now on, it is not only their right, but also their duty, to produce identifying sites and ensure their heterogeneity, given that they no longer have to provide for the urban continuum. Like Andy Warhol's maxim: «come the year 2000, everyone will be able to be a star for ten minutes in their life», everyday architecture will be erected in monumental fashion.

In Frédéric Borel's work, this notion of singularity is first addressed through a sculpting of voids. His Parisian housing blocks, squeezed in between adjacent buildings, harbour hollowed-out courtyards whose outline is like the negative of a boat's hull. An analogy that is underlined by spatial devices which channel movement in the same way as naval architecture: gangways, decks and stairs leading from one level to the next, combined with tower buildings inscribed in the sky like steamboat funnels. Borel's buildings can be read as naves in all senses of the term: both as vessels and as large spaces for strolling in.

His relatively systematic way of breaking with the urban alignment can be interpreted more as a criticism of modern isotopic space than a preference for open housing blocks over the uniform Haussmann block. Frédéric Borel likes arousing emotions by creating visual surprises both for passers-by and for inhabitants behind their apartment windows, so that they can perceive the city's opacity and heterogeneity. For him, metropolitan architecture does not just come into play on public facades, but also in intersitial spaces formed by courtyards, stairwells and interior gardens. He views Paris, his first proving ground, not as a unitary city but as an eternally unfinished work, tackling it through surrealist collages and combination of fragments that produce an artificial sedimentation of time. These voids, conceived as large-scale sculptures, reflect a festive and mannerist vision of urban life that in itself justifies the accumulation of signs. As an architect-designer, Frédéric Borel takes responsibility for the arbitrary nature of his referents. It is for himself that he quotes any old how Hieronymus Bosch's troubling images, Lautréamont's poems and André Breton's accounts about his walks in Paris and the suburbs.

But once outside Paris's dense, compact urban fabric, Frédéric Borel knows how to tone down in line with the landscape. Hence, his recent university building which sits in the suburbs of Agen, playing with the sky through the grey-blue camouflage of its facade that unfurls across a large, simple volume. Here, Frédéric Borel seems to have attained a new objectivity borrowed from a highly poetic vernacular.

Frédéric Borel, Paris

À 25 ans, il connut un succès précoce en s'engouffrant dans la voie du nouvel expressionnisme à la française, ouverte quelques années plus tôt par les architectes Christian de Portzamparc et Henri Gaudin. Mais son premier immeuble, dont la proue exubérante débordait sur le boulevard de Belleville, semblait aller plus loin dans la générosité des formes. On y percevait aussi une remise en question plus fondamentale des idées sages sur l'architecture urbaine. Depuis, Frédéric Borel bénéficie d'une écoute attentive de la scène parisienne, car il a su élaborer à partir de cette impulsion de jeunesse une doctrine qui interroge les valeurs de singularité et de banalité dans les villes d'aujourd'hui.

Pour Frédéric Borel, on assiste à une déconnection inéluctable entre les réseaux de communications et les espaces publics ainsi qu'à une perte de légitimité des pouvoirs pour s'afficher dans le monumental, ce qui autoriserait dorénavant à traiter l'architecture pour elle-même, quelque soit sa destination, habitat, bureaux, équipements, sans la soumettre au filtre d'une échelle de significations. En un peu plus d'un siècle, la métropole française par excellence, Paris, aura, il est vrai, franchi trois étapes: jusqu'à Haussmann, les réseaux modernes d'approvisionnement, eau, gaz, électricité, égouts, empruntaient le dessous des voies de circulation. Le métropolitain sera le premier mode de transport électrique à s'affranchir en souterrain de cette règle. La voiture imposera ses propres tracés autoroutiers à son usage exclusif. Et de nos jours les réseaux de télécommunications et du multimédia n'ont plus besoin du support spatial de la rue. Ce divorce total entre le tracé des réseaux contemporains et les lieux de séjour des habitants sonnerait, pour Frédéric Borel, une nouvelle ère dans le travail de conception des architectes. Dorénavant, ceux-ci auraient non seulement le droit, mais le devoir, de produire des lieux d'identification et, n'ayant plus à organiser le continuum urbain, de s'interposer pour éviter son homogénéisation. À l'instar de la maxime d'Andy Warhol, selon laquelle: «en l'an 2000 chaque personne pourra être une star dix minutes dans sa vie», l'architecture du quotidien est destinée à s'ériger en monument.

Dans l'architecture de Frédéric Borel, l'affirmation de cette singularité passe d'abord par la scénographie des vides. Ses immeubles parisiens, coincés entre mitoyens, creusent à l'intérieur des îlots des cours dont la silhouette rappelle en négatif celle des carènes de bateaux. L'analogie est renforcée par des dispositifs spatiaux mettant en scène les déplacements comme dans l'architecture navale: coursives, decks, escaliers qui renvoient d'un plateau à l'autre, bâtiments-tours s'inscrivant dans le ciel comme des cheminées de paquebots. Les immeubles de Borel se comprennent comme des nefs dans tous les sens du terme, à la fois comme vaisseaux et comme espaces de déambulation.

Sa façon assez systématique de rompre avec l'alignement urbain ne reflète pas vraiment une position de principe sur l'îlot ouvert en opposition au bloc haussmannien réglementaire, mais plutôt une critique de l'espace moderne isotrope. Frédéric Borel se plaît à ménager des surprises visuelles, de l'émoi, au passant depuis la rue, ou à l'habitant derrière la fenêtre de son appartement, afin de leur faire percevoir l'opacité et l'hétérogénéité de sa ville. Car pour lui l'architecture métropolitaine ne s'affiche pas seulement sur les façades publiques, mais dans ces lieux d'altérité que sont les cours, les cages d'escaliers et les jardins intérieurs. Considérant que Paris, son premier champ d'expériences, n'est pas une ville unitaire, mais une œuvre toujours inachevée, Frédéric Borel procède par collages surréalistes et additions de fragments qui produisent une sédimentation artificielle du temps. Ces vides, construits comme des sculptures à grande échelle, renvoient à une conception festive et maniériste de la vie urbaine qui justifie en soi l'accumulation de signes. En tant qu'architecte-créateur, Frédéric Borel assume l'arbitraire de ses référants. Il cite pour lui même pêle-mêle les images inquiétantes de Jérôme Bosch, les poèmes de Lautréamont ou les récits d'André Breton sur ses promenades dans Paris et sa banlieue.

Mais lorsqu'il quitte le tissu dense et compact de l'urbanisme parisien, Frédéric Borel sait se faire silencieux devant le paysage. Ainsi, son récent bâtiment universitaire situé dans les faubourgs d'Agen joue avec le ciel par le camouflage gris-bleu de sa façade qui se déploie sur un grand volume simple. Frédéric Borel semble avoir atteint là une nouvelle objectivité emprunt d'un ordinaire très poétique.

Housing Block, Rue Oberkampf
Paris, 1991 – 1993

Immeuble de logements, rue Oberkampf

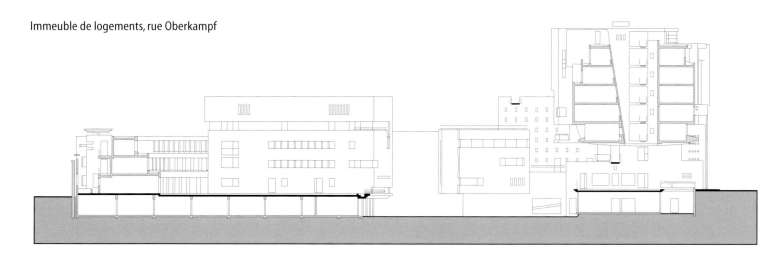

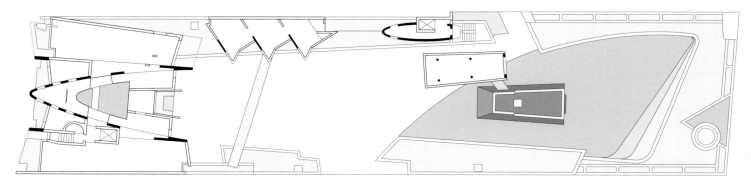

**Section elevation of
complex and courtyard**
Coupe-élévation longi-
tudinale sur la parcelle
et sa cour

6th floor plan
Plan du 6ᵉ étage

This building was constructed as part of a new housing programme for young civil servants working with the French Post Office. It mainly comprises studio and one-bedroom apartments, although also includes a post office and shop. A gallery of ateliers was integrated part way through the project, on the architect's initiative.

The facade overlooking Rue Oberkampf breaks with the alignment of adjacent buildings. It is split into a core edifice that forms a prow on the upper levels and relatively symmetrical wings boasting balconies and bow-windows jutting out over the street. The facade opens sweepingly out onto a concourse, on one side providing access to the post office entrance, and on the other, to the main staircase leading to the apartments. This large bay frees up views below onto a garden and dreamlike landscape characterised by two prismatic towers in the background – one grey, the other white – that accommodate split-level apartments. The buildings inside the plot, assigned differing levels in line with the height of party walls, generate an urban microcosm orchestrated by colour. The building on the street side is deeper, and is pierced by an atrium with galleries suspended at each floor providing access to five/ six apartments.

A myriad of vistas is unlocked by a repertoire of openings in the apartments, accorded different treatment depending on construction arrangements: tall windows for the lower levels, strip windows for the middle floors, and apertures that rhythmically punctuate the walls of some facade sections.

60

Cet immeuble a été construit dans le cadre des nouveaux programmes de logements destinés aux jeunes fonctionnaires de la Poste. Il se compose d'une majorité de studios et de deux pièces, mais comprend aussi un bureau de Poste et des commerces. À l'initiative de l'architecte, une série de petits ateliers en coursive ont été intégrés à l'intérieur de l'opération.

La façade sur la rue Oberkampf rompt avec l'alignement des immeubles adjacents. Elle se décompose en un corps de bâtiment central, formant proue aux derniers étages, et des ailes relativement symétriques avec des balcons et des bow-windows venant en encorbellement sur la rue. Depuis la rue, la façade s'ouvre largement sur un parvis qui dessert, d'un côté, l'entrée du bureau de Poste et, de l'autre, l'escalier principal menant aux étages de logements. Cette large baie libère la vue en contrebas sur un jardin et un paysage onirique composé au fond de deux tours prismatiques, l'une grise, l'autre blanche, accueillant des logements duplex. À l'intérieur de la parcelle, le bâti atteint des niveaux variables en fonction de la hauteur des murs mitoyens à des hauteurs, engendrant un microcosme urbain rythmé par la couleur. Le bâtiment sur la rue, plus épais, est percé d'un atrium où, à chaque étage, une coursive suspendue dessert cinq à six appartements.

Le répertoire des ouvertures varie suivant les séquences, offrant une variété de vues depuis les appartements : fenêtres en hauteur pour les socles, en longueur aux étages intermédiaires, ou bien ponctuant de façon musicale les parois de certains pans de façades.

Tax Building
Brive-la-Gaillarde, 1993 – 1998

Hôtel des Impôts

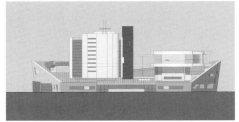

Elevation
Vue

First floor plan
Plan du 1er étage

Ground floor plan with reception
Plan du rez-de-chaussée, niveau accueil

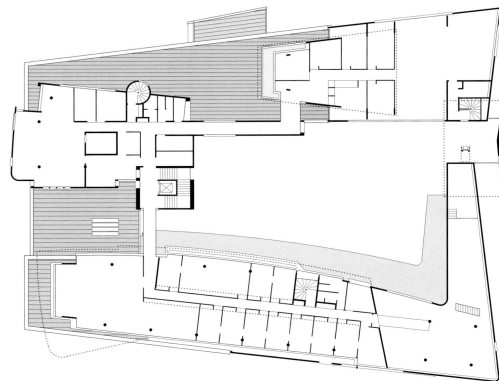

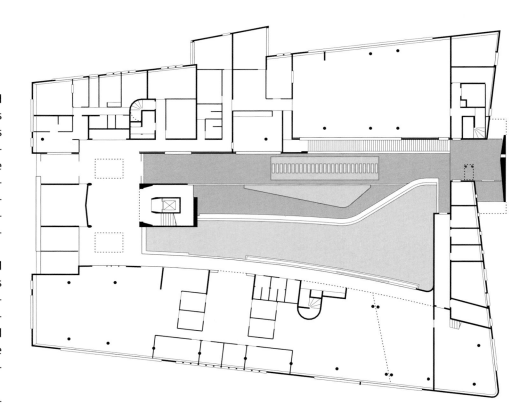

Conceived as a compact block clad in forceful rough-cut stone, the tax collection office stands on the corner of a crossroads in one of Brive's residential suburbs. The building reads as a stratum that slowly rises up from the ground before undergoing two types of transformation: abstraction (its centre is hollowed out by an interior garden) and addition (diverse blocks are inlaid within the ensemble to create an essay in form opposite the town).

The upward movement of the base is echoed and amplified by the horizontal block that ends in a totemic black granite section containing vertical flows. The programme's functional components are arranged in a spiral movement around the garden-courtyard, while facade profiles are rooted in technical elements, such as the careening of a ship and a car's bodywork.

By way of its monumentality, the edifice alludes to the public function of tax collection, which Frédéric Borel has endeavoured to humanise both through the building's emphatic forms and its fragmentation.

Le Centre des Impôts occupe l'angle d'un carrefour dans un des faubourgs pavillonnaires de Brive. Il dessine un îlot compact avec un épannelage dynamique. Le bâtiment se présente comme une strate émergeant lentement du sol pour subir deux types de transformations: des soustractions (son centre se creuse par un jardin intérieur) et des additions (des blocs différenciés viennent s'y incruster pour constituer, face à la ville un récit de forme). Le mouvement ascendant du socle est repris, amplifié par le bloc horizontal qui semble comme en lévitation et s'achève dans la figure totémique de granit noir renfermant les circulations verticales. Les entités fonctionnelles du programme s'organisent dans un mouvement de spirale autour de la cour-jardin. Les modénatures de façades procèdent de la culture de l'objet technique, carénage de bateaux ou carrosserie automobile.

L'édifice renvoie par sa monumentalité à l'institution publique de la collecte des impôts qu'il tente d'humaniser par le dynamisme de ses formes et sa fragmentation.

View of entrance from garden
Vue sur l'entrée depuis le jardin

Side facade
Façade latérale

Entrance overhang on car-park side
Marquise de l'entrée côté parking

Exploded axonometric
Axonométrie éclatée

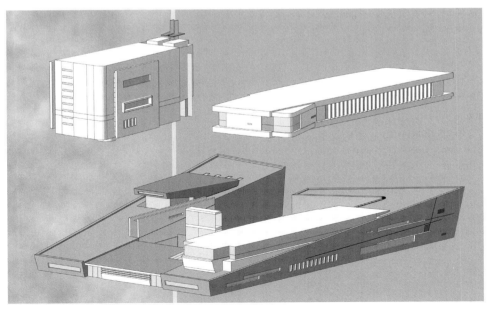

Valmy Nursery, Rue des Récollets Paris, 1996 – 2000

Crèche Valmy, rue des Récollets

Perspective of day nursery from garden
Perspective de la crèche depuis le jardin

Ground floor plan
Plan du rez-de-chaussée

First floor plan
Plan du premier étage

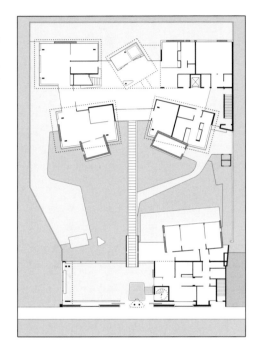

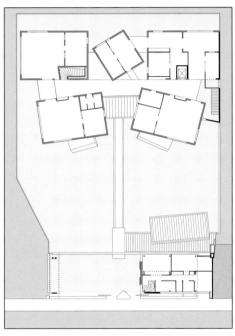

Edging the public garden of the former Villemin hospital, this scheme plays to a two-tempo score. A porch building overlooking Rue des Récollets houses on-site accommodation, while the day nursery is accessed through a large screen print wall section at the back of the plot, thickly planted with vegetation. In contrast with the sedate architecture on the street side, the children's world plays on a colourful, recreational register. The crèche reads as a stack of pure forms. Five cubic red-orange volumes correspond to either a particular age bracket or function (babies, toddlers and older ones; kitchen and services). They balance precariously, as if thrown like dice onto the transparent gallery of the ground floor, and seem to make light of gravitation laws.

Située en bordure du jardin public de l'ancien hôpital Villemin, le projet se décompose en deux temps: un bâtiment porche sur la rue des Récollets accueille les logements de fonction, tandis que l'on accède à travers un pan de mur sérigraphié à la garderie d'enfants en fond de jardin arboré. Contrastant avec la sobriété de l'architecture sur la rue, le monde des enfants joue au contraire sur un registre ludique et coloré. La crèche s'affirme comme une accumula-tion de formes pures. Cinq volumes cubiques renvoient chacun à une tranche d'âge ou une fonction particulière (petits enfants, moyens et grands, cuisine et services). De couleur jaune-orangée, ils sont jetés comme des dés en équilibre instable sur la galerie transparente du rez-de-chaussée et semblent se rire des lois de l'apesanteur.

Science Faculty
Agen, 1997 – 2000

Université des Sciences

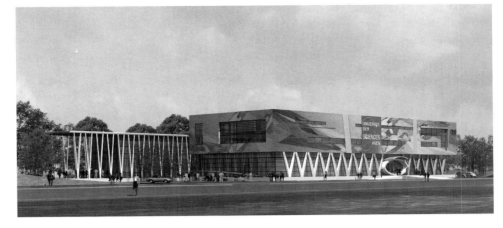

View of main entrance
Vue sur l'entrée principale

Elevation with lecture hall and library
Élévation amphithéâtre et bibliothèque

Block plan
Plan masse

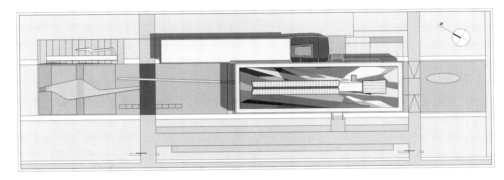

From afar, the Science Faculty in Agen is perceived as an elongated monolith that fuses with its undulating landscape, thanks to the coloured fragments in the grey-blue facade that considerably soften the visual impact of the building's mass.

It is a simple construction, resting on a tight grid of concrete «V»-shaped columns, from behind which the longitudinal building of the library will slide (to be constructed at a later stage). Entirely glazed, the library will hang from a slender tree-like metal structure, forming an overhang at the entrance point.

Student flows at the main entrance are funnelled through a glazed ellipse shaped gate, before spilling into a succession of fluid spaces leading to the lecture hall. The two floors of classrooms are arranged around a double gallery encircling an atrium that plunges right down to the ground floor.

Although designed and built in record time – barely over a year between design stage and delivery – and despite a limited budget, the building aims at high quality. It earmarks science not as a power, but as a multiple-level research ground that has to adapt to constant shifts and choppy changes.

De loin, l'Université des Sciences d'Agen se présente comme un monolithe allongé, se fondant dans le paysage vallonné grâce aux fragments colorés bleu-gris de sa façade qui allègent considérablement l'impact visuel de sa masse.

C'est une construction simple, reposant sur une trame serrée de poteaux béton en forme de «V», derrière laquelle coulisse le bâtiment longitudinal de la bibliothèque qui sera construite dans une prochaine phase. Entièrement vitrée, elle sera suspendue à une fine structure métallique arborescente formant auvent au seuil d'entrée.

À l'entrée principale, le flux des étudiants est canalisé par un portail de verre de forme elliptique, puis se desserre dans une succession d'espace fluides conduisant jusqu'à l'amphithéâtre. Les salles de cours sur deux étages sont distribuées à partir d'une double coursive qui tourne autour d'un atrium plongeant jusqu'au rez-de-chaussée.

Conçu et réalisé en un temps record, à peine plus d'un an d'études et de chantier, et malgré un budget limité, le bâtiment tente le luxe. Il désigne la science non pas comme un pouvoir, mais comme une recherche à plusieurs voix capable de s'adapter aux fluctuations et aux turbulences d'une société changeante en perpétuel mouvement.

Brochet-Lajus-Pueyo
Bordeaux

Assemblage and collage are frankly professed by Bordeaux architects Olivier Brochet, Emmanuel Lajus and Christine Pueyo, who, depending on site and programme, seem to have an unlimited fund of exquisite solutions at their disposal. Their path is through space and time, and reaches from numerous remodeling projects of old, very representative buildings to the new construction of purely utilitarian ones.

They met at the university of Bordeaux. No apriori, no stylistic fixation, but great curiosity is theirs, when the challenge is to give an unmistakable character to a task. Intensive study of the existing condition is usually their first step. Uncovering its different layers is next, hand in hand with reducing the programme to its elementary content. The solution must always be clear and legible, elegant and surprising at once. With great ease they know how to shed many constraints, know how to create large new spaces in their building rehabilitations, define distinct territoriality in new construction. All projects share a certain floating quality, developing as space within space, or frequently taking on form only above an airy ground floor.

This was already their credo in 1986 when they won the competition for the extension of the IRCAM near the Pompidou Centre in Paris, which was later realized by Renzo Piano. But the abrupt rejection of their ambitious project was soon followed by all the more numerous realizations that have made them, all barely forty years of age, an authority in Bordeaux. The Centre dramatique national de Bordeaux, the small theatre Port-de-la-Lune in a picturesque old warehouse (1988 – 1990), stood at the inception of a rapidly growing list of works.

In their unbiased approach to existing building substance, they reveal the old like a geologist would. They attempt to resolve the different fragments in a highly individual and elegant way, while inserting the new parts, not free of contradiction, and even in conscious juxtaposition. It proved them to be masters of rehabilitation, a reputation that was substantiated by their rehabilitation for the Direction régionale l'action culturelle and the Chambre régionale des comptes de Bordeaux. Skilful lighting design, the spatial reorganization into disinctive independent units, and an almost inexhaustible use of very different materials and structures – lending each space an unmistakable character and not refraining from monumentality – are the decisive means that make the new begin a self-confident dialogue with the old.

François Magendie School
Lycée François Magendie

A comparable virtuosity also characterizes their new buildings, be it the Ecomusée Marqueze in the Landes or their countless research and educational buildings. The joining of very different spaces and surfaces gives each building an unmistakable individuality. Borders between interior and exterior are made permeable and rich in perspectives, and despite their assemblage, the buildings do not lack the art of the clear line. The architects seek to always create a pleasant ambience, sequences of spatial events that are functionally as well as sensually stimulating, usually offering a maximum of architectural autonomies within a sheltering large form. The three architects are children of the light, of the harsh sun of the south, totally free of the scepticism and despondency of many of their colleagues, always steering towards new shores. Not only as practising architects, but also as teachers, consultants and professional representatives, they are successfully working to elevate Bordeaux's contemporary building culture.

Brochet-Lajus-Pueyo, Bordeaux

Olivier Brochet, Emmanuel Lajus et Christine Pueyo, architectes bordelais, semblent disposer de ressources inépuisables pour développer des solutions de qualité adaptées à tous les lieux et tous les programmes par l'assemblage et le collage. Leurs divers projets disséminés dans l'espace et le temps concernent aussi bien la création d'édifices purement fonctionnels que le réaménagement de bâtiments anciens prestigieux.

S'étant dégagés des a priori durant leurs études à l'université de Bordeaux, les trois architectes impriment avec une grande largeur d'esprit leur marque à chacun des projets auxquels ils se consacrent. Partant d'une analyse critique du bâti existant, ils visent à mettre en évidence les strates historiques, cela afin de réduire le programme à ses composants de base et de déboucher sur une solution à la fois claire, lisible, élégante et inattendue. Parvenant ainsi à se libérer de nombreuses contraintes, le groupe Brochet-Lajus-Pueyo crée de nouveaux espaces dans les édifices qu'il réhabilite, et dote d'une territorialité intrinsèque les bâtiments neufs qu'il réalise. Ses projets, conçus comme des espaces dans l'espace ou reposant souvent sur un rez-de-chaussée très aéré, semblent toujours suspendus entre ciel et terre.

Tel était déjà le credo du groupe en 1986 lorsqu'il fut lauréat du concours concernant l'extension de l'IRCAM, Institut de Recherche Musicale, voisin du Centre national d'Art et de Culture Georges-Pompidou. L'ambitieux projet fut finalement rejeté au profit de celui de Renzo Piano, mais les architectes réalisèrent peu après d'autres édifices à Bordeaux grâce auxquels, malgré leur jeune âge (tout juste quarante ans), ils acquièrent rapidement une grande autorité. Citons parmi leurs premières œuvres le Centre dramatique national de Bordeaux et le petit théâtre du Port-de-la-Lune, aménagé en 1988 – 1990 dans d'anciens entrepôts pittoresques.

Considérant les bâtiments anciens sans le moindre préjugé et à la manière d'un géologue travaillant à partir des fragments disponibles, et ne reculant pas devant la juxtaposition contradictoire de l'ancien et du moderne, le groupe s'est affirmé comme un maître de la réhabilitation – réputation confirmée par les projects de la Direction régionale des Affaires culturelles et de la Chambre régionale des Comptes de Bordeaux. Ce dialogue entre l'ancien et le moderne, n'excluant pas la monumentalité, s'établit grâce à des jeux de lumière, la création de nouveaux lieux, la mise en œuvre de matériaux divers et d'assemblages raffinés.

Les bâtiments neufs réalisés par le groupe, tels que l'écomusée de Marquèze dans les Landes ou de nombreux édifices affectés à la recherche et à l'enseignement, témoignent eux aussi d'une grande virtuosité. Leur marque distinctive est une articulation des espaces, qui rend perméable la limite entre intérieur et extérieur tout en préservant la pureté des lignes. L'objectif des architectes est de créer une atmosphère agréable, une suite à la fois sensuelle et fonctionnelle d'événements spatiaux conçus comme des entités architecturales autonomes abritées sous une enveloppe commune.

Enfants de la lumière et du soleil du Sud-Ouest, Brochet, Lajus et Pueyo ignorent le scepticisme et les errances qui affectent nombre de leurs collègues. Ils contribuent avec succès à l'affirmation de l'architecture contemporaine à Bordeaux non seulement en tant qu'architectes, mais également en tant qu'enseignants, experts et représentants de la profession.

Faculty of Law and Economics
Bordeaux-Pessac, 1993 – 1996

Faculté de droit et de sciences économiques

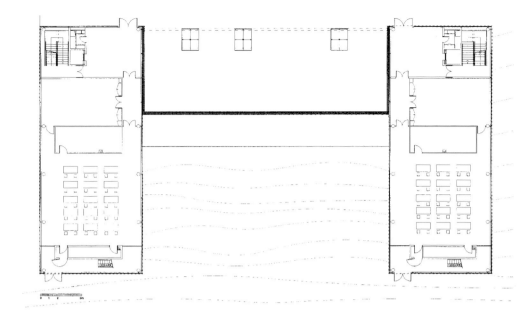

Ground floor plan
Plan du rez-de-chaussée

Longitudinal section
Coupe longitudinale

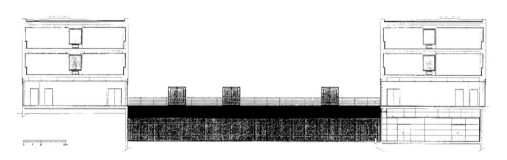

Brochet-Lajus-Pueyo developed their extension showing particular respect and sensitivity for the existing buildings that date from the fifties, the nearby law faculty, as well as the university library by the famous architect Sainsaulieu. They tried to preserve the harmonious relationship of the old buildings in the open park landscape with formal neutrality and a partial vanishing of the programme below ground. Two steel parallelepipeds of simple massing are oriented to the existing amphitheatre, enclosing an embanked garden that leads to the mostly subterranean lecture halls. With their totally transparent ground floors the buildings allow unobstructed views, thereby maintaining original spatial flow. Seemingly weightless, totally abstract and neutral, the office floors of the faculty of law and economics rise above. Almost entirely hidden behind a tightly meshed aluminium skin, they did not have to relinquish views or light.

Interior view
Vue intérieure

Cette extension d'un centre universitaire des années cinquante respecte le complexe initial de la bibliothèque et la faculté de droit réalisées par le grand architecte Sainsaulieu. Les bâtiments construits par Brochet-Lajus-Pueyo dans un vaste parc se caractérisent par leur neutralité formelle en s'enterrant partiellement afin de mieux s'intégrer aux édifices préexistants. Deux parallélépipèdes métalliques orientés vers l'ancien amphithéâtre délimitent un jardin conduisant aux salles de cours en partie souterraines. Le rez-de-chaussée des barres étant entièrement transparent, les perspectives d'origine ont pu être préservées. Les étages supérieurs réservés aux locaux administratifs semblent échapper à la pesanteur. Une enveloppe d'aluminium à mailles fines laissant passer la lumière leur confère un aspect à la fois abstrait et neutre.

François Magendie School
Bordeaux , 1996 – 1998

Lycée François Magendie

Exterior view
Vue extérieure

Facade detail
Detail de la façade

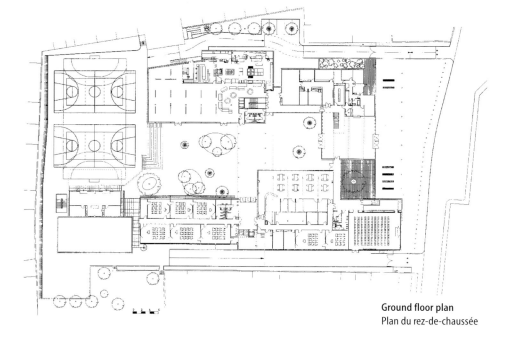

Ground floor plan
Plan du rez-de-chaussée

The project for the Lycée François Magendie grew around abundant existing trees, its many courts and patios creating a differentiated and stimulating sequence of more public or more intimate open spaces. Slits, passageways and incisions convey a diversity of spatial impressions, prompting the pupils as well as visitors to move from room to room. These spaces demand a playful appropriation, as the rooms open in varying degrees of transparency and translucence, or one part of the school reaches out above another. Wide bands of glass are followed by small square crenels, cut deeply into the concrete of the walls, or by strict rows of wooden slats that set distinctive material accents. In the course of the day, the hard southern light and its deep shadows modulate the building in very different ways and transform it into a unique experience. With an rare generosity, the expansive complex reveals a diversity of communal and private spaces. Each demands, after the school's monumental entrance, individual approach and discovery.

Interior view
Vue intérieure

Ce lycée, conçu autour des nombreux arbres pré-existants, comporte une grande variété de cours intérieures formant autant d'espaces tantôt publics, tantôt intimes. Plusieurs failles, brèches et passages modulent l'espace et invitent au mouvement les élèves tout comme les visiteurs. Les matériaux répartis sur les divers composants de l'édifice progressent du transparent à l'opaque en passant par le translucide: à de larges bandes de verre succèdent tout d'abord de petits caissons aménagés dans les murs en béton, puis de strictes séries de lamelles en bois, ces divers matériaux donnant un caractère distinctif à l'ensemble. L'intense lumière du Sud-Ouest et ses ombres profondes modulent le lycée au rythme des heures et en font ainsi un événement unique. Ce complexe éducatif de grand style, doté d'une entrée monumentale présente une grande variété d'espaces publics et privés, qui ne demandent qu'à être découverts.

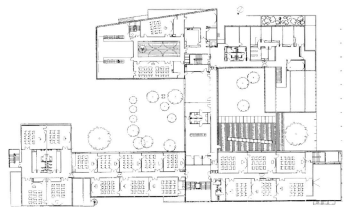

First floor plan
Plan du premier étage

Exterior view
Vue extérieure

Ecological Museum of Marquèze, Sabres , 1990

Écomusée de Marquèze

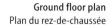

Ground floor plan
Plan du rez-de-chaussée

Exterior view
Vue extérieure

Sunblinds
Pare-soleil

The new reception building for the ecological museum of Marquèze originates in the world of the railways that once traversed the dune landscape of the Landes region and served the transport of timber from the extensive pine forests. In the centre of the open-air museum of a reconstructed hamlet, a collage rich in material and form was created, playing with the elements found on site. Rusted metal plate, steel rails as beams, a roof with a vault reminiscent of train cars, and walls of brick and airy wood lattice achieved a congenial insertion into the historic givens. Different zones and layers of light and shadow produce a special sensual pleasure, followed by rapidly changing unexpected views, both in and out. A wide open space, spanned by airy sun sails, serves not only as the meeting place of visitor groups, but creates a sensitive transition to the nearby old train hangar.

Le bâtiment d'accueil de l'écomusée de Marquèze a été développé à partir d'éléments provenant de l'ancien réseau ferré destiné à l'exploitation de la forêt landaise environnante. Ce bâtiment qui se dresse au milieu d'un hameau reconstruit résulte de ce collage réalisé en utilisant divers composants trouvés sur place: tôles rouillées, rails en acier, toiture arrondie rappelant celle des wagons, murs en briques et planches ajourées établissent ainsi un lien avec le passé du lieu. Le visiteur peut y apprécier un jeu d'ombre et de lumière particulièrement sensuel, ainsi qu'une grande variété de perspectives surprenantes vers l'intérieur du bâtiment et les environs. Un vaste espace ombragé par des brise-soleils conduit en douceur à un hangar ferroviaire désaffecté et permet aux groupes de se réunir à l'air libre.

Musée de l'Orangerie
Paris, 1998 – 2000

Musée de l'Orangerie

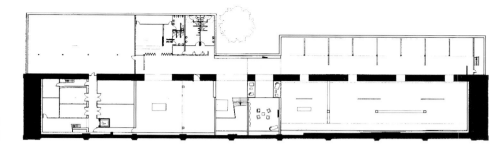

Exhibition level plan
Plan du niveau exposition

Ground floor plan
Plan du rez-de-chaussée

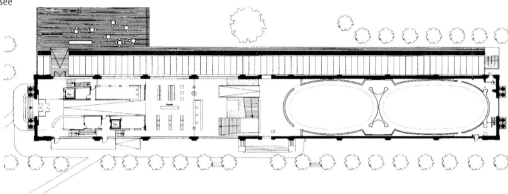

This project, the winning design in a competition among selected participants, deals with the re-organization of the Musée de l'Orangerie in the Paris Tuileries. With their proposal, the architects not only try to create a unique atmosphere of light for Claude Monet's famous frieze of water-lilies, the *Nymphéas*. They also wish to do justice to the hitherto poorly presented Walter Guillaume collection with its outstanding works of Modernism. Their intention is to clear the building of all excess, to create a broad open room that opens a view to the enchanting surroundings of the Tuileries, and to weightlessly insert the exhibition areas as spatial objects of differing materiality and form.

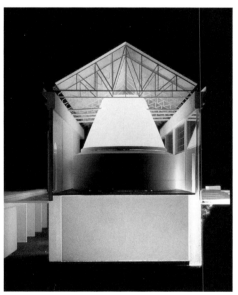

Model
Maquette

Ce projet portant sur la réorganisation du musée de l'Orangerie du jardin des Tuileries a été lauréat d'un concours auquel participaient également de grands noms de l'architecture. Le but des architectes était non seulement d'exposer les célèbres *Nymphéas* de Claude Monet dans des conditions d'éclairage optimales, mais également de présenter l'exceptionnelle collection d'art moderne de

Walter Guillaume dans un cadre digne d'elle. Le groupe Brochet-Lajus-Pueyo a donc éliminé tout ce qui était superflu dans le bâtiment, et créé un vaste espace d'exposition qui offre de magnifiques perspectives sur le jardin des Tuileries, tout en semblant défier les lois de la pesanteur grâce à plusieurs volumes suspendus.

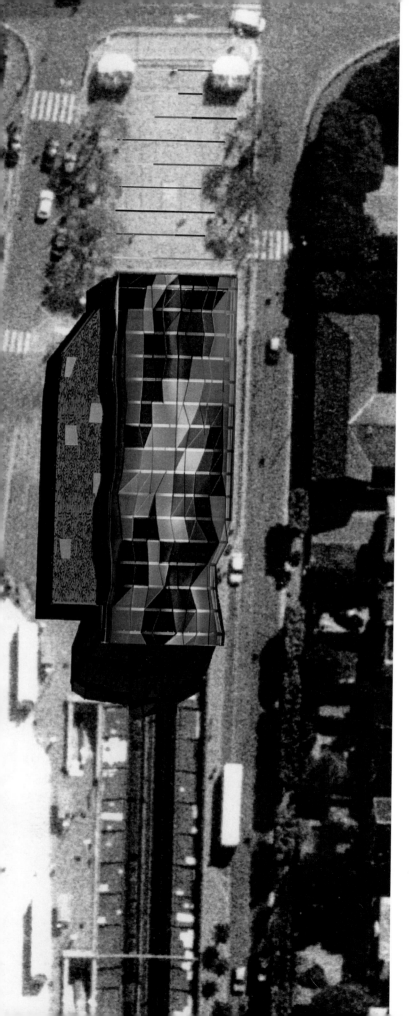

Manuelle Gautrand
Paris

Manuelle Gautrand is a strategist, who considers neither context nor authority as given or unchangeable, but sees them as the result of lengthy communicative processes. Her approach is interdisciplinary and guided by dialogue, open to users' functional wishes, open to technological innovations, and open to highly individual solutions. Her aim is to adapt the site's specific features rather than systematically set her unmistakable architectural signature on it.

Manuelle Gautrand has entered many competitions, often successfully. And she has realized an exceptional list of buildings, especially so for a young architect who founded her office in Lyon only in 1991, and had previously studied at the rather pale architecture school of Montpellier. Contrary to many other young French architects, however, her path did not lead directly from university to her own practice.

With Architecture Studio, where she worked for several years, she was able to gather invaluable experience. It equipped her creativity and practical experience, and the insight that only the intensive confrontation with construction and the economy of means clears the crucial space for architecture to rise above pure function. And as the man in the shadows, it is not least her partner in work as in life, the economist Marc Blasing, who is of invaluable importance for the realization of her ideas.

For Manuelle Gautrand architecture is primarily communication. It is the incessant attempt to regain clients' trust, long thought to be lost, and to integrate the new into far larger, more complex relationships, as with the site's history or the world of imagination. Her architectural work revolves around the transformation and development of space and structure, as well as analogies and permutations. It wants to reconcile functional requirements with our sensual needs, and tends to find its points of reference outside France in the work of Herzog & de Meuron and Gaetano Pesce.

Urbanistically and functionally, she approaches a task through a multitude of working models, trying to translate the programme in a subtly flexible and constructive way. She transforms an idea into a clearly legible figure that is reduced and broken down into elements. It is consistently a figure that has great lightness and joins poetry with functionality. Her projects are multi-layered, developed on a clear division into organization, structure and skin. Natural and artificial light have the role of reassembling these parts into an inseparable whole: into permeable as well as polyvalent bodies in the space of city or landscape, highly recognizable, and linking, almost magically, exterior and interior, past and future. With great independence and respective meaning, the materiality of her skins joins the figures' clarity. The permeable or protective skins act as spaces within a space, creating surprisingly differentiated interspaces. Often she employs translucent surfaces and flowing spatial relations to produce unique atmospheres.

Her oeuvre? It is quite diverse: A free-spanning footbridge over the slopes of Fourviére in Lyon, a collége in Ecully, two theatres, two university institutes, warehouses and entertainment centers, and different public infrastructure projects, such as metro stations for Rennes or tollbooth stations along the A16 motorway. These are buildings that, with sensitive expressivity, transform constraints into liberties, and can be attributed to a particular architect only at a second glance.

Manuelle Gautrand, Paris

Manuelle Gautrand est une stratège doublée d'une poétesse. Elle ne considère pas les contraintes et la compétence comme des données immuables, mais comme le résultat d'un long processus de communication. Interdisciplinaires et axés sur le dialogue, ses projets intègrent les souhaits du client, les nouveautés technologiques et les solutions les plus personnelles, tout en cherchant à s'adapter aux particularités du site et du programme plutôt qu'à imposer systématiquement une griffe particulière.

Lauréate de plusieurs concours, Manuelle Gautrand a déjà réalisé de très nombreux bâtiments depuis qu'elle a fondé sa agence à Lyon en 1991. Elle avait auparavant étudié à l'École d'Architecture de Montpellier, puis travaillé chez Architecture Studio pendant plusieurs années. Cette expérience lui a permis d'asseoir sa créativité sur de solides connaissances pratiques, et d'acquérir une liberté décisive grâce à laquelle elle peut désormais dépasser la simple fonctionnalité de l'architecture. Elle peut se dédier entièrement à son travail créatif grâce à Marc Blasing, diplômé en gestion d'entreprise, qui est son partenaire au bureau et dans la vie.

Manuelle Gautrand considère avant tout l'architecture comme un acte de communication, comme un effort incessant pour retrouver la confiance des maîtres d'œuvre devenus réticents, pour intégrer la nouveauté dans un contexte plus vaste incluant l'histoire du site et le monde de l'imaginaire. Son œuvre gravite autour des concepts d'analogie et de permutation, de transfor-

mation et d'évolution de l'espace et de la structure. S'inspirant d'architectes étrangers tels que Herzog & de Meuron ou Gaetano Pesce, Manuelle Gautrand cherche à réconcilier exigences de fonctionnalité et besoins affectifs.

Elle élabore ses projets à partir de maquettes. Ces modèles explicatifs d'un programme, qui mettent ses idées clairement en forme, sont caractérisés par une grande légèreté combinant poésie et fonctionnalité. Ses projets complexes s'organisent autour d'une recherche sur l'organisation, la structure et l'enveloppe, ces différents éléments étant ultérieurement reliés par la lumiére naturel ou artificiel. Les volumes transparents et polyvalents que Gautrand implante dans le paysage et l'espace urbain sont typiques de son œuvre: ils ont la particularité presque magique d'interconnecter l'intérieur et l'extérieur, le passé et le futur. La clarté des silhouettes s'y associe de façon très autonome à la matérialité des enveloppes, films protecteurs et transparents aptes à créer des espaces dans l'espace.

Son œuvre? Elle est très variée: Une passerelle suspendue sur les pentes de Fourvière à Lyon, un collège à Écully, deux théâtre, deux bâtiments universitaires, des entrepôts et des complexes cinématographiques, ainsi que divers projets d'équipement public dont des stations de métro à Rennes et plusieurs gares de péages sur l'autoroute A16. Autant de bâtiments dont l'expressivité a su transformer les contraintes en libertés, et qu'on peut distinctement attribuer à leur créatrice dès le second coup d'œil.

Five Tollbooth Stations on the A16 Motorway Section Amiens-Boulogne 1995 – 1999

Cinq gares de péage sur l'autoroute A16

Tollbooth station
Côte-Picardie
Gare de péage
Côte-Picardie

Manuelle Gautrand endowed five tollbooth stations on the A16 motorway with an unusual individuality by reflecting on the history and particular nature of their surrounding landscape. She sought to counteract the placelessness of the motorist, often only subconsciously aware of the landscapes rushing by, and the placelessness of many tollbooth stations, often crudely implanted, with something that has a lasting hold on memory and is closely tied to the specific qualities of the place. Gautrand made the tollbooth stations' structure lightweight and clear, in order to bear lucid contextual messages. She was inspired by the most beautiful Gothic cathedrals in France, located along the A16 motorway between Amiens and Boulogne. However, the changing seriagraphs of the large glass roofs do not impart metaphysical messages, but mediate the almost forgotten physical presence of the near and distinctive landscapes of the Nièvre valley, the hilly landscapes of the Boulonnais or the Somme regions, traversed by the motorway. The images of forests and rape fields, enlarged 300 to 400 times, develop a luminosity that in no way seconds their models, offering the motorists a moment of relaxation.

Tollbooth station
Boulogne
Gare de péage Boulogne

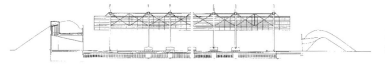

Longitudinal section
Coupe longitudinale

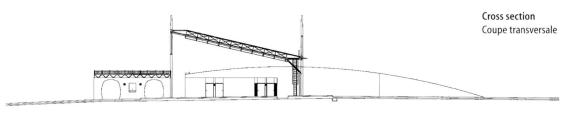

Cross section
Coupe transversale

Les cinq gares de péage que Manuelle Gautrand a réalisées sur l'autoroute A16 sont exceptionnelles en ce qu'elles intègrent l'histoire et les particularismes de la région dans laquelle elles sont implantées. Face à l'anonymat des automobilistes qui ne font que passer, et à celui des nombreuses gares de péage plantées dans un paysage auquel elles restent étrangères, l'architecte a conçu des bâtiments que l'on n'oublie pas, car étroitement liés à leur lieu d'implantation. C'est en effet des cathédrales gothiques d'Amiens et de Boulogne, villes desservies par l'autoroute A 16, que Gautrand s'est lointainement inspirée pour élaborer ces gares caractérisées par leur légèreté et leur clarté. Les sérigraphies imprimées sur les toits en verre ne contiennent cependant aucun message métaphysique : elles évoquent simplement la présence physique méconnue des paysages vallonnés de la Somme et du Boulonnais que traverse l'autoroute. Quant aux photos de forêts et de champs de colza agrandies entre trois et quatre cents fois, elles sont d'une luminosité pointilliste apte à offrir quelques instants de détente aux automobilistes.

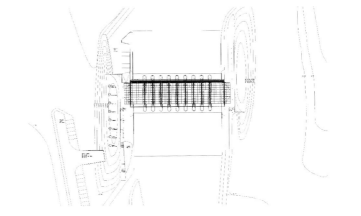

Block plan
Plan masse

Maintenance Building
Nantes Airport
1994 – 1996

Bâtiment de maintenance, Aéroport de Nantes

Illuminated skin
La L'enveloppe illuminée

The Bâtiment d'Entreposage de Matériels Aéro-portuaire (B.E.M.A.) was built in the course of the extension of Nantes Airport. The building, designed for use by the chamber of commerce, was to be used by several airlines at once, each taking up space according to need. Gautrand reacted to the programme's complexity with a maximum of flexibility, transparence and legibility. She concentrated all workshop uses in a large, free volume, and placed a long wing accommodating all tertiary uses at its side. With the same functional clarity she then structured the hangar's interior for the airlines' various needs. Fragile equipment is located in small, inserted «bubbles» made of blue polycarbonate, semi-fragile equipment is accommodated in the workshops at the edge of the hangar, and heavy equipment is stored in the centre. In contrast to typical hangars, Manuelle Gautrand selected a skin of translucent polycarbonate, giving the building, in use 24 hours a day, an unusual lightness, quality of working space, and signalling function. In connection with a double layer roof – consisting of a suspended polycarbonate «lower skin», and a supported upper skin made of aluminium grating – her hangar not only offers excellent daylight conditions, but develops an almost magical effect in the early evening hours, when its skin gradually blushes. Then, at night, it projects into its surroundings with bright white light and moving shadow games.

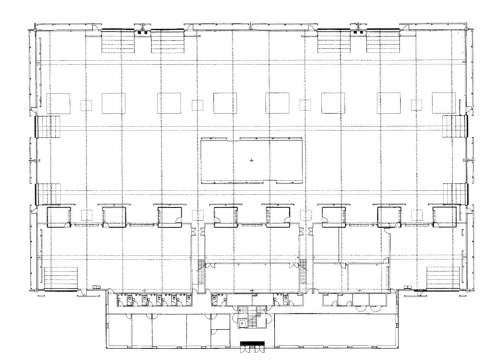

Plan
Plan

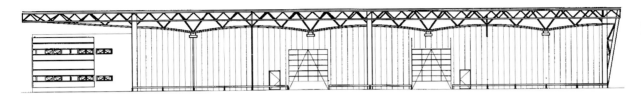

Interior view with
storage blocks
Vue intérieure avec
les blocs de stockage

Exterior view
Vue extérieure

Cross section
Coupe transversale

Le Bâtiment d'entreposage de matériel aéroportuaire (B.E.M.A.) a été réalisé à l'occasion des travaux d'extension de l'aéroport de Nantes. Il s'agit d'un édifice destiné à la chambre de commerce locale, qui est utilisé par plusieurs compagnies de transports aériens. Face à la complexité des fonctions à remplir, Gautrand a conçu ici un projet offrant une flexibilité, une transparence et une lisibilité maximales. Les ateliers se concentrent dans un grand hangar indépendant, complété par une barre abritant toutes les fonctions tertiaires. L'intérieur du hangar est lui aussi clairement structuré en fonction des besoins propres aux transporteurs aériens: le matériel fragile est stocké dans de petites bulles en polycarbonate bleu, le matériel semifragile dans des ateliers périphériques, et le matériel lourd au centre du hangar. L'architecte a choisi un revêtement assez inhabituel pour un hangar: une enveloppe de polycarbonate translucide, qui confère à ce bâtiment utilisé vingt-quatre heures sur vingt-quatre une légèreté exceptionnelle et un éclairage naturel optimal, tout en lui donnant un caractère absolument distinctif. Grâce à ce double toit composé d'une «peau inférieure» en polycarbonate et d'une «peau supérieure» en caillebotis d'aluminium, le hangar a de plus quelque chose de magique aux premières lueurs du jour, lorsque l'enveloppe rougit progressivement, et durant toute la nuit, lorsqu'il s'éclaire d'une lumière blanche sur laquelle des ombres se détachent.

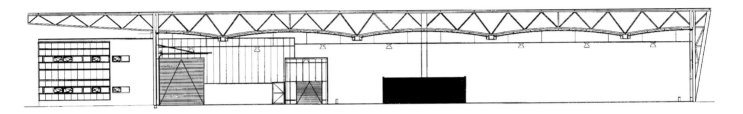

Delivery gate and offices
Aire de livraison et bureaux

School for 850 Pupils
Ecully 1993 – 1996

Collège 850 élèves

Interior view
Vue intérieure

Exterior view
Vue extérieure

The conservation of existing trees guided the architectural composition of this school for a suburban town west of Lyons. The two-wing complex divides the teaching and supporting functions into two distinct building volumes. In front of the orthogonal classroom wing built of scumbled concrete, Manuelle Gautrand placed a large metal and glass «nave». Within, the different spaces for school activity, such as the administration and assembly space, are accomodated in randomly placed, amoeba-like bodies with glowing warm wooden skins (iroko), connected across footbridges and surrounded only by a delicate glass skin. The resulting interspaces are multivalent and naturally temperated. They dissolve the boundaries between interior and exterior, encourage communication and allow nature to flow into the school.

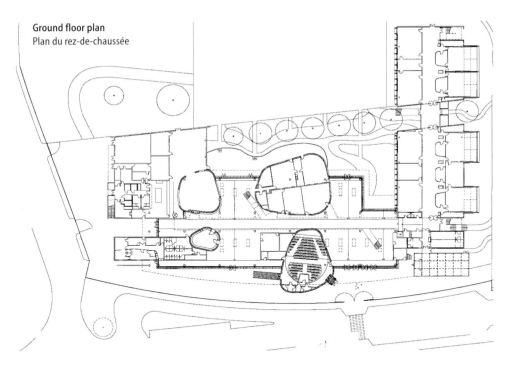

Ground floor plan
Plan du rez-de-chaussée

Ce groupe scolaire situé dans une zone périurbaine à l'ouest de Lyon a été conçu en intégrant les arbres préexistants. Il se compose de deux ailes distinctes, la première étant affectée aux salles de cours, la seconde aux fonctions d'accompagnement. Une grande nef en verre et métal se dresse perpendiculairement à la barre en béton glacé abritant les classes. Des sortes d'amibes recouvertes d'une enveloppe en bois de couleur chaude s'y intègrent de façon aléatoire, ces volumes étant destinés notamment aux réunions et aux fonctions administratives. Les espaces intermédiaires ainsi créés, reliés entre eux par des passerelles et recouverts seulement d'une légère enveloppe de verre, annulent la distinction entre intérieur et extérieur, invitent à communiquer et ouvrent l'école sur la nature.

Theatre of Béthune
Béthune 1994 – 1999

Centre dramatique national
du Nord-Pas-de-Calais

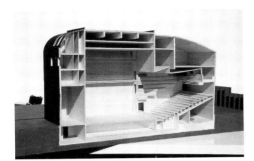

The situation was extremely unfavourable: on a very tight budget, a new theatre was to be built for the Centre dramatique national of Béthune on a narrow, almost totally built-up lot. In addition, the facade of a 1930s cinema had to be preserved. Manuelle Gautrand reacted vertically and created a theatre whose voluminous body clearly disengages from its small-scale context. At the same time, its skin connects it to earlier theatre and brick building traditions of the region. Gautrand chose red scumbled concrete with a black rhomboid pattern for the slightly rounded building volume, letting it stand out against the glazed curtain wall along the rue du 11 novembre. Inside, a vertical proscenium leads the spectators to an exceptional auditorium, drawing them unusually close to the happening through its 1:1 ratio to the deep stage.

Cutaway model
Maquette en coupe
longitudinale

Exterior view
Vue extérieure

Ground floor plan
Plan du rez-de-chaussée

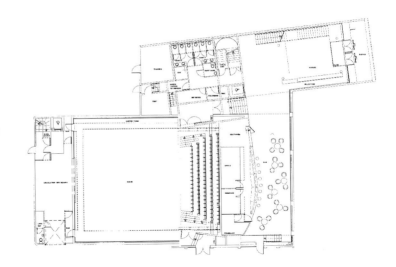

Exterior view
Vue extérieure

Le contexte de la conception du Centre dramatique national de Béthune était extrêmement défavorable: le budget prévu était au départ limité, le terrain disponible très exigu, et le projet devait de plus intégrer la façade d'un ancien cinéma des années trente. Manuelle Gautrand a donc conçu un théâtre trés imbriqué, qui se distingue nettement par ses proportions volumineuses des constructions voisines, mais dont l'enveloppe évoquant les briques reste fidèle aux traditions architecturales du Nord-Pas-de-Calais. Légèrement arrondi, le corps de bâtiment est entièrement en béton glacé pourpre orné de losanges noirs, et s'inscrit ainsi en contraste par rapport à la transparence de la façade vitrée qui se dresse le long de la rue du 11 novembre. L'intérieur du théâtre est également exceptionnel puisqu'en effet, les spectateurs y sont très près des comédiens du fait d'une scène et d'une salle de taille équivalente.

LabFac – Finn Geipel Nicolas Michelin
Paris

Finn Geipel and Nicolas Michelin see themselves as architects and urbanists who explicitly understand their work to be an open process of appropriation and experiment. A lot of the self-confidence and societal visions of the sixties avantgarde architecture, of groups such as Team X, Candilis, Josic and Woods, or the Metabolists, is in the air when they speak about their projects. They want to pick up the work of that time, when innovation and functionality was deemed more important for architecture than the deceptive appearance of the postmodern production of form, whose aesthetic packaging often simply hides the banal repetition of insufficient spatial programmes.

German-born Finn Geipel studied architecture at the University of Stuttgart. Even prior to finishing his degree, he and two partners founded «LabFac», short for «Laboratory for Architecture», there in 1985: In the tradition of Frei Otto – the brillant architect-engineer, who like few others researched new materials and minimized structures, and was responsible for the canvas awnings of the Munich Olympic Stadium of 1972 – the three young architects focused on experimental work. At its centre stood the perception and appropriation of space as it has been altered through today's media.

In France, where Finn Geipel founded a new partnership with Nicolas Michelin in 1987 in Paris, did LabFac find the resonance that has made it into one of the most innovative young architectural pratices internationally. In an individual, sensitive way, Michelin, who qualified as a physicist before stepping into architecture, connects the world of art and contemporary music to the world of science. Soon, in 1989, their special attachment toward a new architecture was to be followed by the sensational cover for the ancient arena of Nîmes. This light pneumatic structure enables it to be used temporarily for concerts, conferences or sport events, even in winter.

Their achitecture is structural, but free of technoid staging, and minimalist not for simplicity's sake, but because of a necessary counterbalance to the complexity of contemporary life. They use industrial products and montage to create new spaces of ecological as well as functional sustainability, in France and elsewhere. For the ecological challenge and the challenge of a rapidly changing society are what they are trying to find answers to. Energy use and resource depletion, function and communication are at the centre of their work. These repeatedly lead them to diatope spaces that make interior and exterior almost obsolete, aiming to offer a maximum of different ways of appropriation within a permeable skin. In the theoretical rigour of their thought, architecture is not primarily a bearer of meaning. Rather, it is an intelligent frame for people who actively know how to fill their spatial surroundings with individual activity and meaning.

Consistently, LabFac's study of diatope space is joined by a strong interest for larger urban relations. Their list of work consists of an unusual number of urban design projects and studies that attempt to transpose the functional openness and autonomy of their buildings to the scale of the city. LabFac proposes not images of cities, but flexible strategies for development within different parametres, which are the product of interdisciplinary working groups. These grant the greatest possible freedom of choice to the changing claims of the interest groups involved in the building process.

Sober, well-read and well-founded are their words, used to transport their credo beyond buildings into text and teaching. As in their buildings, that have a constructive clarity that has become rare, they permit no excess, no digression here. Be it in the École d'art décoratif of Limoges, the restructuring of the École d'Architecture Paris-La Seine or the Théâtre Cornouaille in Quimper, consistently one part is clearly joined to the other, and the materiality refrains form any overly pushy effects. Only with the users and the immaterial element of light, which they give great attention to, does a special atmosphere arise in the buildings.

LabFac, Paris

Finn Geipel et Nicolas Michelin considèrent de façon explicite l'architecture et l'urbanisme comme des procédures d'expérimentation et d'appropriation. Leur discours véhicule largement les certitudes et les conceptions sociales des Métabolistes et de l'avant-garde des années soixante représentée par des groupes tels que Team X, Candilis ou Josic & Woods. LabFac entend bien revenir à cette architecture basée sur la fonctionnalité et les innovations, en opposition aux illusions postmodernes dont l'esthétisme ne cache bien souvent que la banalité de programmes urbanistiques répétitifs.

LabFac (contraction de l'allemand *Labor für Architektur*) fut fondé par Finn Geipel et deux partenaires en 1985, alors qu'il étudiait l'architecture à l'université de Stuttgart. S'inscrivant dans la tradition de Frei Otto – ingénieur remarquable dont les recherches sur les matériaux et les constructions minimales ont notamment résulté, en 1972, dans la réalisation des auvents de toile du stade olympique de Munich –, consacrés à des travaux expérimentaux portant sur les modifications de notre perception de l'espace induites par les nouveaux médias.

Finn Geipel décida en 1987 de venir s'installer en France et de s'associer à Nicolas Michelin. Cette collaboration avec un architecte sachant subtilement combiner les sciences et la musique contemporaine et qui n'est venu à l'architecture qu'après avoir obtenu un diplôme de physicien, permit à LabFac de devenir un des bureaux d'architectes les plus novateurs au niveau international. Parmi leurs premières réalisations se trouve en 1989 la couverture des arènes de Nîmes, construction pneumatique ayant fait sensation et grâce à laquelle des concerts, conférences et manifestations sportives peuvent désormais se tenir même en hiver.

L'architecture de LabFac est constructive et totalement dépourvue de mise en scène «technoïde». Si elle est minimaliste, c'est moins par goût pour la simplicité que pour faire contrepoids à la complexité croissante de la vie actuelle. Et si elle utilise des produits et procédés de montage industriels, c'est notamment pour réaliser, en France et ailleurs, des espaces fonctionnels plus écologiques et durables. Geipel et Michelin s'efforcent en effet de relever le défi écologique et d'apporter des réponses à une société procédant à des mutations toujours plus rapides. Ils organisent leur travail autour de données telles que la fonctionnalité, la communication, le bilan énergétique ou encore l'économie de ressources. Les espaces diatopes qu'ils élaborent sur ces bases sont protégés par une enveloppe perméable qui abolit la distinction entre intérieur et extérieur, l'affectation des locaux étant par ailleurs définie au minimum afin de permettre aux utilisateurs de mieux se les approprier. Faisant preuve d'une grande rigueur intellectuelle, Geipel et Michelin considèrent l'architecture moins comme un signifiant que comme un cadre intelligent, destiné à des individus qui accorderont eux-mêmes une signification à l'espace dont ils disposent.

L'intérêt que ces architectes accordent aux espaces diatopes les amène tout naturellement à se pencher sur le contexte urbanistique dans lequel ils s'intègrent. Le catalogue des œuvres de LabFac comporte ainsi de nombreux projets d'urbanisme visant à transposer au niveau d'une ville entière l'autonomie et la fonctionnalité qui caractérisent les bâtiments réalisés par le groupe. Les projets de LabFac sont en fait des stratégies de développement souples élaborées par des groupes de travail interdisciplinaires, qui prennent en compte les exigences des divers acteurs du jeu urbanistique, tout en leur laissant une grande latitude pour opérer leurs choix.

Geipel et Michelin emploient des mots simples mais fondés et justes pour formuler leur credo et structurer leur enseignement. Leurs textes, à l'image de leurs bâtiments, font preuve d'une clarté constructive devenue rare, s'interdisant toute superfluité et toute digression. Qu'il s'agisse de l'École des arts décoratifs de Limoges, de l'École d'architecture Paris-La Seine ou du Théâtre de Cornouaille de Quimper, les œuvres de LabFac sont toujours caractérisées par des entités qui se complètent clairement, une matérialité qui rejette tout effet par trop voyant, et une atmosphère particulière qui provient d'un élément immatériel auquel les architectes accordent beaucoup d'importance: la lumière.

National School of
Decorative Arts
Limoges 1990 – 1994

École nationale des arts décoratifs

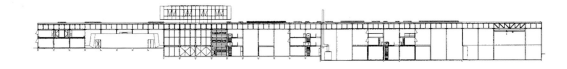

Longitudinal section
Coupe longitudinale

Ground floor plan
Plan du rez-de-chaussée

East facade and entrance
La façade est et l´entrée

Circulation axis
L'axe de circulation

LabFac created their functionally open building volumes at the entrance to the university campus of Limoges, on a seam between an urban landscape traversed by expressways and an attractive lower wooded area. It interprets the site as a flexible structure of changing activities, and enables a maximum of individual appropriation within a minimum of spatial determination. For the École nationale des arts décoratifs, specialized in the local tradition of the arts du feu (enam-el, ceramics, faience, clay), LabFac realized a building that is a functional envelope more than it is a monument to the arts. With a large hall of 130 by 37.5 metres, whose height varies from 7 to 11 metres due to an incline, they designed a weath-er-sheltered and naturally climatized volume of 44,000 cubic metres to be filled with different uses. The school's departments are placed in different modules along a large circulation axis within the hall. The activities of the large work-shop spaces become tightly linked with the smaller private ateliers and the meeting spaces. A further layer of space in front, open to the nearby woods, serves as a shading element and creates the possibility of seamlessly extending the working areas into the open in the summer.

Workshop
Atelier

West facade
Façade ouest

L'École nationale des arts décoratifs construite par LabFac se trouve à l'entrée du campus de l'université de Limoges, sorte d'interface entre d'agréables collines boisées et une zone périurbaine traversée par l'autoroute. Dans ce premier édifice polyvalent réalisé par le groupe, les utilisateurs ont toute latitude pour s'approprier l'espace en fonction de leurs besoins personnels. Consacrée à l'enseignement des arts du feu traditionnels de Limoges (émail, porcelaine, faïence et terre cuite),

l'ÉNAD dispose ainsi d'un bâtiment conçu moins comme un monument artistique que comme une enveloppe fonctionnelle. La grande halle de 130 mètres sur 37,50, dont la hauteur varie de 7 à 11 mètres du fait de la dénivellation du terrain, offre un volume naturellement climatisé de 44 000 mètres cubes pouvant être utilisé de différentes façons. Plusieurs modules affectés aux fonctions éducatives y sont regroupés le long d'un axe et étroitement reliés aux ateliers publics et personnels ainsi

qu'aux salles de réunion. Largement ouvert sur la végétation environnante, le bâtiment se prolonge en douceur vers l'extérieur par un espace en plein air ombragé que les étudiants peuvent utiliser en été.

«Métafort» Multimedia Research Centre Aubervilliers, 1995

Centre de recherche multimédia «Métafort»

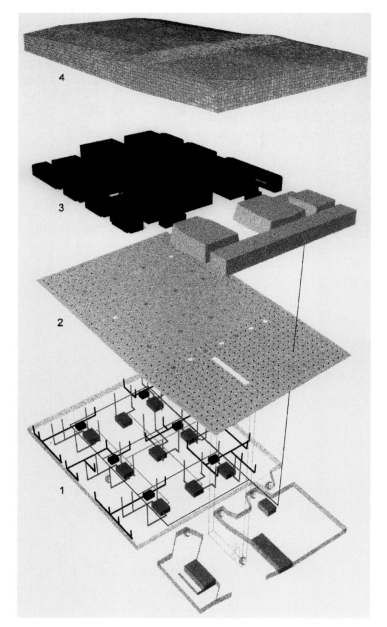

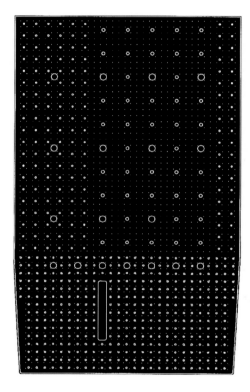

Perforated platform
Plateforme perforée

This competition project for the site of the former Fort d'Aubervilliers in the nothern suburbs of Paris was the result of an ambitious undertaking. A centre for cultural and social multimedia research was to be created, to programmatically and functionally express our perception of space and physical presence as it has been altered through media. LabFac started from the basic assumption of wanting to unite different disciplines within a permeable envelope, side by side without spatial or functional hierarchies, enabling a maximum of informal exchange. They developed Métafort, an interclimatic «monospace», for the research activities. Attached are six satellites that accommodate all public functions as well as a media library, administration, parking and housing. Three structures, differing in terms of their fixed or permanent qualities, were developed for the «monospace»: a large perforated platform, serving as a foundation and technological base; a hall, as a shelter from the weather as climate envelope; and studio boxes, that can be flexibly changed, in which to work. In addition, they set ten parametres (proportions, technology, lighting, acoustics, climate, and so on) for the 130 different units, enabling a multitude of functional variants through computer aided design.

Interior view
Vue intérieure

Exterior view
Vue extérieure

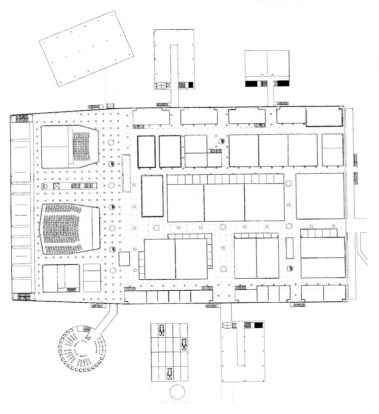

Plan
Plan

Ce projet ambitieux fait partie du programme de réhabilitation du fort d'Aubervilliers, situé dans la banlieue nord de Paris. L'objectif était de créer un «centre de recherche culturelle et sociale du multimédia» afin d'exprimer la présence physique et la perception de l'espace induite par les nouveaux médias. L'idée de départ de LabFac était de favoriser les échanges informels en créant divers espaces de travail regroupés, sans la moindre hiérar-

chie, sous une enveloppe commune perméable. Cette idée a débouché sur l'ensemble architectural Métafort, composé d'un «monospace» destiné aux activités de recherche, auquel seraient rattachés six satellites abritant notamment la médiathèque, les services administratifs, les parkings et des logements. Trois structures différentes seraient développées pour le monospace: une grande plate-forme perforée servant de fondations et de base

technique, une enveloppe climatisée protégeant des intempéries, ainsi que diverses unités de travail modulables. Les quelques 130 pièces du complexe et leurs diverses affectations ont été conçues par ordinateur sur la base d'une dizaine de paramètres tels que les proportions, l'équipement technique, l'éclairage, l'acoustique, la climatisation, etc.

Cornouaille Theatre
Quimper, 1991–1998

Théâtre de Cornouaille

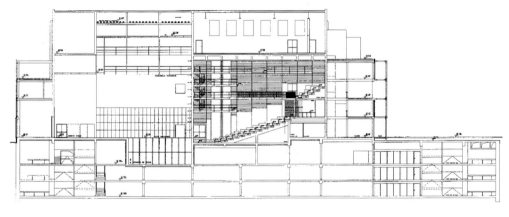

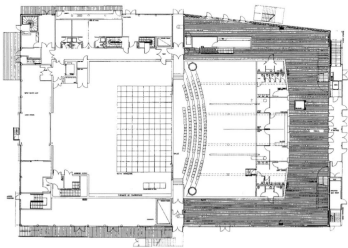

Ground floor plan
Plan du rez-de-chaussée

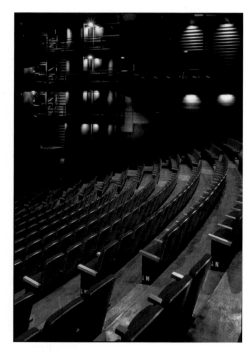

Entrance facade
Façade d´entrée

Auditorium
Salle de spectacles

The Théâtre de Cornouaille was built like an open «grand kiosque urbain» in the centre of the picturesque town of Quimper, on the western edge of the Brittany. The building was conceived as two parts. A central volume accommodates the theatre space in a distinct concrete structure. Other activities are located in a belt around it. Here, wood panels set in a reinforced concrete frame offer great freedom for change and generously open out to the exterior. The architects' vision was an urban island, a place of encounters, that serves different uses without any ambition of representation, and can flexibly adapt to changing needs. Their renunciation of an entry facade, then, is programmatic. In its place a spatial layer equipped with simple grills functions as the neutral support of changing information. An adjacent underground car park links its different levels in an unsusually transparent manner. Communication, not meaning, is their message.

Le théâtre de Cornouaille, situé dans le centre-ville de la pittoresque préfecture du Finistère, a été défini par LabFac comme un «grand kiosque urbain». Il se compose de deux entités distinctes: un volume central en béton abritant le théâtre proprement dit, autour duquel gravitent diverses unités modulables en bois largement ouvertes sur l'extérieur. Les architectes entendaient ici créer un îlot de communication au cœur de la ville, un ensemble sans aucune ambition de prestige mais apte à remplir diverses fonctions et à s'adapter aux besoins des Quimpérois. C'est pourquoi ils ont renoncé à doter le théâtre d'une façade imposante et choisi d'installer du côté de l'entrée de simples grilles qui fonctionnent comme des supports neutres d'information, mettant ainsi plus l'accent sur la communication que sur la signification. Le parking souterrain, quant à lui, se compose de plusieurs niveaux reliés entre eux de façon inhabituelle.

Railroad Sites Urban Design
Munich-West, 1998

Projet urbain des sites ferroviaires

Built-up and open areas, simulation of heights and densities
Bâti, espaces libres, simulation des hauteurs et densités

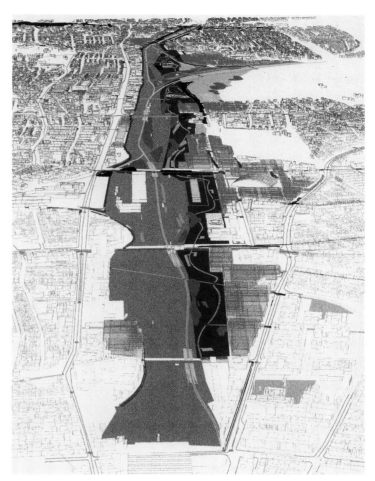

Aerial view
Vue aérienne

This urban design competition, organised by the City of Munich and the Deutsche Bahn AG (German Railroad) in 1998, was concerned with the upgrading and reurbanization of the extensive track areas of Munich's main station. In the course of the planned railway modernization, in which the tracks are to be put below ground, a concept was to be proposed of how to flexibly and qualitatively develop the inner-urban periphery of 200 hectares along the eight kilometre stretch. Together with an interdisciplinary planning team, LabFac developed a project that tried to overcome the rigidity of traditional planning ventures with a development strategy capable of reacting flexibly to rapidly changing demands, even over long periods of time. With the basic figure of a green band sporting different flora and fauna, they first proposed a qualitative upgrading of the area. In several adjacent areas, first phases of denser development were to follow. The superposed bubbles of different density, use and building height are limited to defining the negotiable potentials for urbanization, rather than creating a fixed urban structure. Awarded third prize, LabFac is currently working on the further concretization of these potentials in selected partial areas.

C'est avec ce projet que LabFac a participé au concours organisé en 1998 par la Deutsche Bahn et la ville de Munich en vue de la réurbanisation de l'espace actuellement occupé par les voies desservant la gare centrale de la ville. Les voies devant être modernisées et enterrées, l'objectif était de développer une zone de deux cents hectares s'étirant sur huit kilomètres afin d'en faire un quartier flexible et de haute qualité. LabFac a donc élaboré, en collaboration avec une équipe interdisciplinaire, une stratégie de développement qui se distingue des projets d'urbanisme habituels en ce qu'elle est capable de réagir, même sur le long terme, aux modifications de la demande. Les architectes ont proposé de créer tout d'abord une «bande verte», qui accueillerait une grande variété d'espèces animales et végétales. Cette première phase de pré-verdissement préparerait les phases de construction ultérieures. Par rapport à une structure urbanistique rigide, ces îlots de densité, fonction et hauteur variées représente plutôt un potentiel d'urbanisation dont l'exploitation n'aurait lieu qu'au fur et à mesure des opportunités. Le projet ayant remporté le troisième prix du concours, LabFac étudient actuellement la concrétisation de certaines de ces idées.

Florence Lipsky & Pascal Rollet
Paris

They are said to have built their reputation on end-use rather than architectural image. It's certainly true that, like most architects of their generation, Lipsky & Rollet's humble stance contrasts sharply with the media seeking self-assertion of the eighties. Pascal Rollet has participated in a large number of earth construction projects in Africa, where durability counted more than the act. And Florence Lipsky confides that she can easily relate to the artist Sophie Calle, who became a chambermaid so as to photograph tell-tale signs left behind by clients in hotel rooms. But for us to look upon their designs with similar modesty would be unfair. Their architectural signature is unique; it lends quality to the most banal places (their preferred type of site) and unostentatiously highlights the landscape. Their buildings programmatically cut into one another in the form of large inter-slotting volumes, and they use large-scale prototype models detailing structural and facade elements, in the way of Renaissance artists.

Together, they have developed an open approach that is free of apriorisms. They take programmatic elements into careful account and provide for users' requirements both in and outside the building. The two years they spent at Berkeley University and at the Californian College of Arts and Crafts (first as students, then as assistants, working notably with Lars Lerup), reinforced their comprehensive approach, to be read in all senses of the term. Layout is incorporated only at the last moment, in an act of transformation that crystallises all given data. Their design method also allows for co-operation with other creators, such as graphic artist Ruedi Baur and landscape architect Christophe Girot.

Lipsky & Rollet's focus on use and programme unmasks disquieting issues in regard to our changing society, where architecture's symbolic role is being swallowed up in the media maze. The *raison d'être* and formal identity of their schemes are rooted in dialogue between the town and its landscape. An apt example is the wooden facade of the National Choreographic Centre in Montpellier, which quietly stands out against the stone arcades of the former Ursuline convent. The architects have effectively shifted the focus of enfilade courtyards and cloisters towards the performance hall, thus restoring the convent's original quality of an urban microcosm. It is precisely this rediscovered urbanity that has breathed new life into the edifice, for even outside performance hours, people come here to stroll around. Similarly, their university projects (the Human Sciences wing in Grenoble and the Computer Engineering School in Valence) unite surrounding public spaces with the respective campuses, and at the same time integrate existing facilities through a remodelling of the site's landscape.

The success they have enjoyed with respect to this type of programme partly stems from Florence Lipsky's study on the layout of American campuses. In addition, she attended Giancarlo de Carlo's urban planning workshops while a student in Grenoble, and published a number of theoretical works on the morphology of European and US cities. Pascal Rollet – a former carpenter – is more drawn to construction aspects. The buildings' structural details are his stamp, worked in the same way as a Charles and Ray Eames' piece of furniture. But he also likes to fill his sketchbooks with highly poetic drawings. The project for the Isle d'Abeau ateliers enabled him to renew his earlier encounters with earth construction and bio-climatic architecture; this particular work also translates into an emblematic statement of future relationships between architecture, art and engineering, since it will be jointly used by students from all three disciplines. In addition, it is proof that technical progress can lend support to soft technologies and ecology.

Florence Lipsky + Pascal Rollet, Paris

On a dit d'eux qu'ils préféraient bâtir leur réputation sur la prise en compte de l'usage plutôt que sur une architecture de l'image. Et il est vrai que Lipsky & Rollet partagent avec la plupart des architectes de leur génération une attitude humble qui tranche avec l'autoaffirmation médiatique des années quatre-vingt. Pascal Rollet a participé à de nombreux projets d'architecture en terre en Afrique, pour lesquels la durabilité des constructions comptait plus que le geste. Et Florence Lipsky confie qu'elle se verrait bien à la place de l'artiste Sophie Calle qui s'était faite soubrette pour photographier les traces laissées par les clients dans les chambres d'hôtel. Mais les suivre dans leur modestie serait leur faire une grande injustice. Leur signature architecturale est à nulle autre pareille: elle qualifie les lieux les plus banalisés dans lesquels ils interviennent le plus souvent et parvient sans ostentation à souligner le paysage. Leurs bâtiments se dissèquent de façon programmatique en grands volumes emboîtés les uns dans les autres. Et, à l'instar des architectes de la Renaissance, ils ont recours à de grandes maquettes prototypes pour élaborer les détails de structures ou de façades.

Ensemble ils ont développé une méthode de projet ouverte, sans a priori, attentive aux éléments du programme, observatrice des acteurs de la commande et des usages qui prendront place dans et autour du bâtiment. Leur séjour de deux ans à l'université de Berkeley et au College of Arts and Crafts de Californie, d'abord comme étudiants puis comme assistants auprès de Lars Lerup notamment, les a conforté dans cette démarche compréhensive dans tous les sens du terme, où la mise en forme n'intervient qu'au dernier moment, dans un acte de transformation qui cristallise l'ensemble des données repérées. Leur travail de conception laisse également une large place à la coopération avec d'autres artistes, comme le graphiste Ruedi Baur et le paysagiste Christophe Girot.

Mais leur discours qui met en avant l'usage et le programme laisse percer une interrogation inquiète sur une société en mutation, où le rôle symbolique de l'architecture se perd dans le dédale des signes répandu par les médias. C'est dans la ville et le paysage que leurs projets trouvent leur identité formelle autant que leur justification. À Montpellier, le Centre National Chorégraphique affirme calmement la singularité de sa façade en bois sur les arcades en pierre de l'ancien couvent des Ursulines, dont ils ont subtilement réorienté l'enfilade des cours et des cloîtres vers la salle de spectacle, restaurant au couvent sa qualité originelle d'un microcosme urbain. Et c'est précisement cette urbanité retrouvée qui vaudra au monument un regain d'usage, car même en dehors des heures de spectacles les badeaux y viennent. Les projets universitaires sur lesquels Lipsky & Rollet sont intervenus, la maison des Sciences de l'Homme de Grenoble et l'École d'Ingénieurs en Informatique de Valence, fédèrent autour d'eux les espaces publics de leurs campus respectifs, en articulant les équipements existants par un remodelage paysager du sol.

On comprend mieux leur succès pour ce genre de programmes, si l'on sait que Florence Lipsky a ramené des États-Unis une étude sur les dispositifs des campus américains. Lorsqu'elle était étudiante à Grenoble, elle a suivi les ateliers urbains de Giancarlo de Carlo, puis a publié des études théoriques sur la morphologie des villes européennes et américaines. Pascal Rollet, charpentier avant de devenir architecte, est lui est plus attiré par les aspects constructifs du projet. C'est à lui que l'on doit ces détails d'articulations travaillés à la façon des meubles métalliques de Charles et Ray Eames. Mais il aime aussi remplir des carnets de croquis avec des dessins d'une grande poésie. Les Ateliers de l'Isle d'Abeau ont été l'occasion pour lui de renouer avec ses premières expériences de construction en terre et d'architecture bioclimatique. Par ce bâtiment, à plus d'un titre emblématique des rapports à venir entre architecture, art et ingénierie, puisqu'il servira de centre expérimental commun aux étudiants de ces trois disciplines, Lipsky & Rollet ont fait la démonstration que les progrès techniques pourront se mettre au service de technologies douces et de l'écologie.

National Choreographic Centre Montpellier, 1995 – 1996

Centre Chorégraphique National

Facade toward the closter, clad in red cedar
Façade principale en red cedar donnant sur le cloître

This dance and choreography theatre combines a large stage, rehearsal studios, set design ateliers, artists' accommodation, administration offices and a public cafeteria. The architects drew up the building's design in close conjunction with its end user – the dance company. Hence, definitive sets and lighting can be used in choreographies, thanks to the stage that corresponds to the same measurements as a normal performance stage – some 15.6 m wide by 15 m deep – and which can be enlarged to 18 m by means of fold-away seating.

The centre's ancillary functions are housed in the former Ursuline convent; here, the public spaces, stairways, inner courtyards and cloisters have been restored without any major structural changes, apart from the entrance courtyard that is now covered with a glazed foyer roof. On the other hand, the focal point of the programme – the stage – bears a markedly contemporary stamp. Conceived as a theatrical box that rises above the cloister's ambulatory, it reaches out to the stone facade overlooking the street. Its weight is borne by a metal structure with exterior wood cladding. Technicality forms an integral part of this new, cloister-side facade, whose double skin imparts the sensation that it is actually breathing. Light and natural ventilation enter the dance studio by way of an interior glazed sliding wall. The exterior horizontal wood strip cladding can be adjusted, allowing the studio to be darkened either in part or in full. The new facade contains a band of stone, echoing the cloister's architecture, and the framework supporting the strips of wood mirrors the cloister's window and bay pattern.

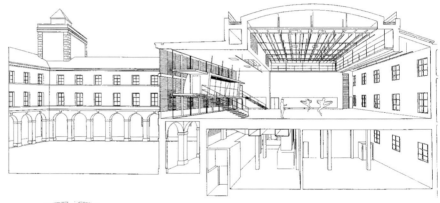

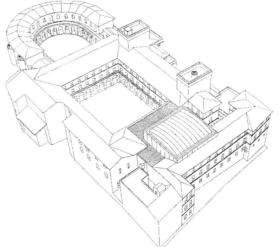

Cutaway perspective of main studio configured as rehearsal space
Coupe-perspective du studio principal en configuration «répétitions»

General axonometric
Axonométrie générale

Aerial view
Vue aérienne

Foyer with glazed roof
Espace d'accueil sous
la verrière

Ce théâtre de création et de spectacles chorégraphiques comprend un grand plateau de danse, des studios de répétition, des ateliers de décor, des appartements pour les artistes, des locaux pour l'administration, une cafétéria pour le public. Conçu par les architectes en étroite collaboration avec la compagnie de danse qui devait l'occuper, cet équipement offre la possibilité de monter les chorégraphies avec les décors et les éclairages définitifs, grâce aux dimensions du plateau technique qui correspondent à la taille courante des scènes de représentation, soit 15,60 m de large sur 15,00 m de profondeur, avec un espace pour des gradins rétractables qui peut l'agrandir jusqu'à 18,00 m.

Les fonctions annexes ont été aménagées dans l'ancien couvent des Ursulines, dont les parties communes, escaliers, courettes et cloîtres, ont été restaurées sans grandes modifications structurelles, en dehors de la cour d'entrée qui a été recouverte d'une verrière pour accueillir le public. Partie essentielle du programme, le plateau technique et de spectacle a fait en revanche l'objet d'une intervention contemporaine. Les architectes l'ont conçu comme une boîte scénique insérée au-dessus du déambulatoire du cloître jusqu'à la façade en pierre sur la rue. Elle est portée par une structure métallique présentant un bardage en bois sur ses faces extérieures. La régie technique est partie

intégrante de la nouvelle façade côté cloître qui s'épaissit en double peau faisant pour ainsi dire respirer le bâtiment. La paroi intérieure vitrée et coulissante laisse pénétrer la lumière et la ventilation naturelle dans le studio de danse, tandis qu'à l'extérieur le bardage en lamelles de bois horizontales et pivotantes permet d'occulter le dispositif tout ou en partie. En mimétisme de l'architecture du cloître, la nouvelle façade intègre un chaînage en pierre et le cadre métallique soutenant les lamelles de bois simule des travées et des fenêtres.

ESISAR – Engineering School for Advanced Industrial Systems Valence, 1996 –1997

École d'ingénieurs en systèmes industriels avancés Rhône-Alpes – ESISAR Valence

West facade with serigraphed
acoustic shield
Façade ouest avec
le bouclier acoustique sérigraphié

The ESISAR building is the first phase of a project to brace the university section of Briffaud and restructure its exterior spaces. Positioned along the axis of the campus, the scheme orchestrates existing buildings. Its base delimits a terrace covered with a glass canopy guyed to the facade – a promenade that will be extended in a later construction phase. It is the rear facade, however, that embodies the project's most emblematic element. Edged by a motorway, it reads as a translucent shield that marks out the campus within its environment, drawing on a random grid based on the I.T. binary mode. Designed in association with graphic artist Ruedi Bauer and produced using serigraphy, it serves both as a sunshield and sound insulation buffer to block out traffic noise.

The building's plan comprises a large nave providing access to two classroom floors on the campus side, and to three office levels given over to research and administration on the motorway side. Its willowy form curves slightly towards the interior of the campus at the entrance and foyer areas. The weight of the nave's roof terrace is borne by a double row of metal tree-like columns delineating a central bay and lateral spaces from which the floor galleries are suspended. Boxes on stilts are bracketed into the middle of the central bay like a series of train carriages. These accommodate computer rooms and are lit by borrowed interior light, coupled with toplit skylights that jut out from the roof like steamship funnels.

Campus-side facade
Façade sur le campus

Interior view
Vue intérieure

Section showing
circulation system
Coupe sur circulations
verticales

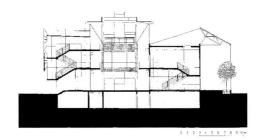

94

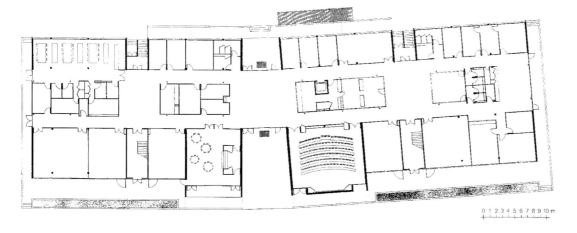

Ground floor plan
Plan du rez-de-chaussée

Exploded axonometric
showing architectural
components
Axonométrie éclatée des
composants architecto-
niques du projet

0 1 2 3 4 5 6 7 8 9 10 m

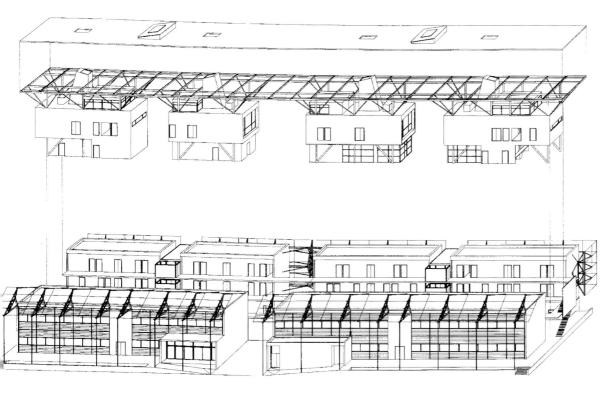

Le bâtiment de l'ESISAR est la première phase d'une opération qui a pour objectif de renforcer le pôle universitaire de Briffaud et d'en restructurer les espaces extérieurs. Situé dans l'axe du campus, le projet réordonne autour de lui les bâtiments existants. Il est posé sur un socle délimitant une terrasse protégée par une marquise en verre accrochée en façade et tendue par des haubans. Cette promenade sera prolongée dans les phases ultérieures de la construction. Mais l'élément le plus emblématique du projet se trouve sur la façade arrière qui est longée par une voie rapide. Un long bouclier trans-

lucide, représentant un motif de trame aléatoire sur le thème du mode binaire utilisé en informatique signalise le campus dans son environnement. Conçu en collaboration avec le graphiste Ruedi Baur et réalisé par un processus de sérigraphie, il fait office de pare soleil et d'écran acoustique à la circulation.

Le plan du bâtiment se compose d'une grande nef distribuant, côté campus, deux étages de salles classes et, côté voie rapide, trois niveaux de bureaux pour la recherche et l'administration. La volumétrie longiligne s'incurve légèrement vers

l'intérieur du campus à l'endroit de l'entrée et du hall d'accueil. La toiture-terrasse de la nef est portée par une double rangée de poteaux métalliques arborescents délimitant une travée centrale et des espaces latéraux où sont suspendues les coursives desservant les étages. Au milieu de la travée centrale sont insérées des boîtes sur pattes qui forment comme une suite de wagons. On y trouve les salles d'ordinateurs qui sont éclairées par des baies intérieures en second jour et par des lanterneaux zénithaux dépassant de la toiture à l'instar de cheminées de paquebot.

Human Sciences Centre
Grenoble University, 1994 –1995

Maison des sciences de l'homme

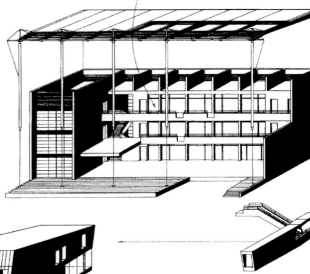

Ground floor plan
Plan du rez-de-chaussée

Exploded axonometric
showing architectural
components
Axonométrie éclatée des
composantes architecto-
niques du projet

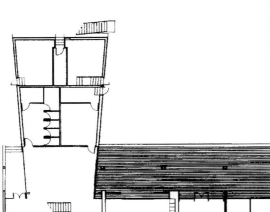

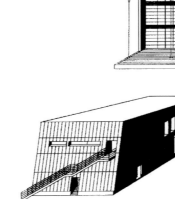

Southern facade along
main axis of campus

Façade sud le long de
l'axe principal du campus

This project – a base for human science research-ers – is centrally positioned within the campus of Grenoble University. Its shape is generated by two interlocking volumes. One is in unsurfaced ex-posed concrete and houses office space, while the other is composed of zinc-clad concrete and ac-commodates an exhibition room and lecture hall. Above this ensemble are two other secondary boxes – the «deck» and «the tube» – that overlap with one another. Covered in grey metal and zinc cladding, they correspond to circulation and com-munal services. A metal sunshield structure is borne up on tall columns and attached to the core building by guyed beams. This structure largely tops the roof and, together with the building's base, serves as a spatial marker for exterior tran-sition zones, notably by means of a wide terrace that looks onto a rear garden.

The main, organic-form staircase in the foyer acts as a foil to the geometric precision of the interior design.

Lieu de rassemblement pour les chercheurs en sciences humaines, le projet s'insère au centre du campus universitaire de Grenoble. Sa volumétrie est générée par l'encastrement de deux grands volumes. Un premier en béton brut de décoffrage abrite les bureaux et un autre en béton habillé de zinc une salle d'exposition et un amphithéâtre. Deux autres boîtes secondaires se chevauchent en hauteur, le «pont» et le «tube». Elles sont recouver-tes de bardage métallique gris ou de zinc et corres-pondent aux circulations et aux services communs. Une structure métallique de brise-soleil porte sur de hauts poteaux et s'accroche au bâtiment princi-pal par des poutres haubannées. Débordant géné-reusement de la toiture, cette structure délimite dans l'espace, avec le socle du bâtiment, des lieux de transition extérieurs, en particulier une large terrasse qui donne sur un jardin arrière.

De forme organique, l'escalier principal du hall d'accueil contraste avec la rigueur géométrique du design intérieur.

Workshops L'Ile-d'Abeau, 1999 – 2000

Les Grands Ateliers

Longitudinal section and south elevation
Coupe longitudinale et façade sud

Perspective of south facade
Perspective de la façade sud

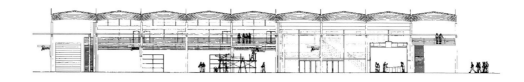

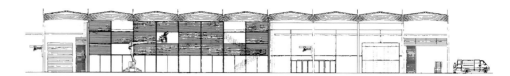

Perspectives of the complex
Perspectives d'ensemble

This Practical Teaching Centre for Construction will be shared by several architecture, engineering and fine arts schools located in the south of France. Its role will also be to communicate technical culture to the public and to foster partnerships between schools and industrialists. Lipsky & Rollet have housed this innovative pedagogical programme within an ensemble composed of a portal frame system and two naves. Stairways and galleries are tucked into the narrow band between the two naves, while several functional zones slot in like boxes under the portal frames. One side is taken up by the large construction hall and exhibition room. On the other, a three-storey longitudinal building lodges the administrative and school management departments, as well as small workshops and research offices. The remaining outer band is reserved for containers and storage racks. The scheme features several bio-climatic characteristics. For example, the services and atelier core will be made of earth projected onto leading, thus contributing to climatic balance in the work spaces, while rainwater will run down from the double-slope roof into tanks placed inside the building.

Ce Centre d'Enseignement de la Construction par l'Expérimentation sera partagé par plusieurs écoles d'architecture, d'ingénierie et des Beaux-Arts du Sud de la France. Il aura également pour vocation de diffuser la culture technique auprès du grand public et de promouvoir le partenariat entre les écoles et les industriels. Lipsky & Rollet ont abrité ce programme pédagogique innovant sous un système de portiques métalliques à deux nefs. La bande étroite entre les deux est occupée par des escaliers et des coursives. Plusieurs zones fonctionnelles s'insèrent comme des boîtes sous ces portiques. D'un côté, la grande halle de montage et la salle des expositions. De l'autre, un bâtiment tout en long accueille sur trois niveaux les services administratifs et d'intendance, mais aussi des petits ateliers et des bureaux de recherche. Dans la bande restante en périphérie, se casent des containers et des racks de stockage. Le projet présente quelques caractéristiques bio-climatiques. Le bloc des services et des ateliers sera réalisé en terre projetée sur résille, contribuant ainsi à l'équilibre climatique dans les lieux de travail. Les eaux de pluies seront récupérées par la toiture à double pente et conduite à des réservoirs intérieurs.

Section of main hall, circulation system, workshops and storage space
Coupe sur la grande halle, les circulations, les ateliers et le stockage

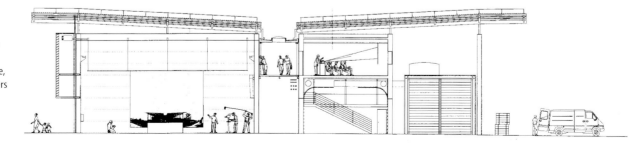

Aspiration/Acqua Alta,
«Morphing» process
«Morphing» de l'entre-
pôt à la mutation
aquatique

R, DSV & Sie.P
Paris

Some call him controversial, mocking, subversive and iconoclastic. And yet he is also open and easy to get along with. As we cross the information age threshold, François Roche revitalises avant-garde tenets that have become bogged down in staunch aestheticism, and brings ethics and politics back into the arena to explore the fluid links that unite architecture with landscape and culture with technology. The universe of virtual imagery is his domain. He ventured into it with total ease, having gone through the cutting, pasting and scanning phase like everyone else. And yet he hasn't renounced materiality altogether. This architect, who has not (yet) constructed anything, installs, designs and, above all, produces, huge models, all of which mostly end up in public contemporary art collections.

It is hard to imagine that this morphing expert (a digital anamorphosis process that fuses images through topological transformation) opted for typomorphological analysis as a student at the Versailles School of Architecture. And yet, even his recent Reunion Island projects are in some way an analogical assessment of housing and landscape, teeming with prototypical, even archaic references. His extended stay over there also marked an important stage of development in his outlook. He explored the whole island for several months and hopped over to South Africa with the landscape architect Gilles Clément and other members of his clan that make up DSV & Sie.P (DSV – Gilles Desèveday, Sie – Stéphaine Lavaux, an artist from Reunion Island and P – François Perrin). Gilles Clément joined the group not only on the virtue of the skills of his trade, but also for his «Global Gardens» philosophy, whereby he fuses exogenous plants with indigenous settings if these are compatible from a geological and climatic perspective. In short, he uses nature as a springboard for a new type of humanism that aims to reconcile the weaker tribe with the stronger global village, all the while seeking out the limits of each.

Since the Reunion Island project, the François Roche DSV & Sie.P team has treated the natural and urban landscape as the very matrix of their schemes. Cartography is an essential tool in this contextual work of topological distortion. The topography of the land or building undergoes morphing and warping, which causes each form to fold, rise up and twist out of shape, as if reflected in distorting mirrors. However, the aim of the game is not to create spectacular computer effects. Construction work remains «soft», and often the difference between initial and final stages is scarcely noticeable. The purpose of this process is illustrated in the group's motto i.e.

calling into question the heavy practices of land engineering and the empty use of information technology in architecture. Their procedure reactivates the notion of localism, not according to national and regional norms, but through contradictions inherent in the site.

But the idea is not to emulate soft ecology. Their perception of the world is also troubling. The approaching genetic revolution has inspired them to create cloned figures – hybrids between vegetal and animal life, between solid and liquid, between natural and artificial ground. Strange grafts and camouflaged objects emerge from their falsely naturalistic representations. And it is not pure coincidence that their mascot happens to be a chameleon. Their mimetic work renders sensory perception ambiguous, as evidenced by their staircase scheme for the Museum of Modern Art in Paris, where they laid the fitted carpet, slightly altered the height of the steps, then re-laid the carpet. This effectively dissociated what was perceived (the treads) to what was felt (a moving topography).

Naturally, the work of François Roche DSV & Sie.P has outwardly inspired a large number of young architects, in the same way as Daniel Libeskind a few years back. Decontextualised neo-ruralist projects are springing up in architecture schools, with huts nestled in forest canopies and houses planted on piles above car-free corn fields. Such formalist misreading, however, will unquestionably wind up in a dead-end. Amidst a bamboo garden woven into the back of a Belleville courtyard in Paris, the unsettling, disturbing and inimitable François Roche DSV & Sie.P team remains miles ahead.

R, DSV & Sie.P, Paris

On le dit provocateur, subversif, moqueur et iconoclaste. Il est aussi ouvert, bavard et sympathique. En cette aube de l'ère informationnelle, François Roche rafraîchit les postures avant-gardistes, qui s'étaient enlisées dans un esthétisme bon teint, et convoque de nouveau éthique et politique pour explorer les liens mouvants qui unissent architecture et paysage, cultures et technologies. L'imagerie virtuelle est son terrain. Il s'y aventure sans complexe, après avoir connu comme tout le monde la phase du couper, coller, scanner. Abandonnant toute matérialité? Pas tout à fait. Cet architecte, qui n'a pas (encore) construit, installe, scénographie et surtout produit d'immenses maquettes qui finissent pour la plupart dans les fonds publics d'art contemporain.

Difficile de s'imaginer que ce pape du «morphing» – procédé d'anamorphose numérique qui permet de fusionner des images par un déplacement topologique des points – a pratiqué l'analyse typo-morphologique lorsqu'il était étudiant à l'École d'Architecture de Versailles. Et pourtant, même ses projets récents sur l'île de la Réunion portent un regard analogique, fait d'archétypes voire d'archaïsmes, sur les maisons et le paysage. Son séjour prolongé là-bas marque d'ailleurs une étape importante dans la maturation de ses positions. Plusieurs mois durant, il parcourut l'île et fit un saut en Afrique du Sud en compagnie du paysagiste Gilles Clément et des autres membres de sa tribu qui se cachent derrière le sigle DSV & Sie.P. (DSV – pour Gilles Desèvedavy, Sie – pour Stéphanie Lavaux, artiste originaire de la Réunion, et P – pour François Perrin). Gilles Clément initia le groupe à la posture de son métier et à sa propre philosophie du «Jardin Planétaire» où plantes exogènes et milieux indigènes peuvent se concilier, s'ils sont compatibles du point de vue géologique et climatique. Une méditation, en somme, à partir de la nature, sur un nouvel humanisme planétaire qui vise à concilier le repli tribal avec les pressions du village global, tout en explorant les limites.

Depuis l'expérience de la Réunion, l'équipe de François Roche DSV, Sie.P utilise le paysage naturel ou urbain comme la matrice même du projet. L'outil cartographique devient essentiel dans ce travail contextuel sur la déformation topologique. Soumise au processus du «morphing» ou du «warp», la topographie du terrain ou du bâti se plisse, se soulève, se distorse comme sous l'effet de miroirs déformants. Mais le but du jeu n'est pas d'utiliser l'ordinateur pour produire des effets spectaculaires. L'intervention reste en apparence soft. La différence entre l'état initial et final est parfois à peine perceptible, comme dans le projet du Mémorial de Soweto. Inutile d'en faire beaucoup, la devise du groupe étant: «Faire avec pour en faire moins». Car, ce nouveau mode opératoire est là pour questionner les pratiques lourdes d'ingénierie du territoire, ainsi que l'usage productiviste qui est fait de la technologie informatique dans l'architecture. Leur détournement réactive la notion de localisme, non pas en fonction de normes patrimoniales et régionalistes, mais au travers des contradictions du site.

Attention, il ne s'agit pas d'émules de l'écologie douce. Leur lecture du monde est inquiétante aussi. La révolution génétique qui s'annonce leur inspire des figures clonées, hybrides entre le végétal et l'animal, entre le solide et l'aquatique, entre sols naturels et artificiels. Des greffes bizarres, des objets camouflés émergent de leurs représentations faussement naturalistes. Et ce n'est pas un hasard si le caméléon reste leur animal fétiche. Leur travail mimétique rend équivoque la perception sensorielle, dissocie ce qui est vu de ce qui est ressenti, comme au Musée d'Art moderne de Paris, où ils sont intervenus sur les escaliers, reposant les moquettes sur des marches aux hauteurs légèrement modifiées en simulant une topographie mouvante sur des emmarchements qui ne l'étaient pas.

Bien sur, à l'instar de Daniel Libeskind il y a quelques années, le travail de François Roche DSV, Sie.P inspire superficiellement beaucoup de jeunes architectes. Et l'on voit fleurirent dans les écoles des projets néo-ruralistes décontextualisés avec des cabanes nichées dans des canopées ou des maisons plantées sur pilotis au-dessus de champs de blé d'où les voitures sont absentes. Malentendus formalistes condamnés à l'impasse. Mais du fond de leur cour parisienne du quartier de Belleville, protégée d'un jardin de bambous, l'équipe de François Roche DSV, Sie.P garde plusieurs longueurs d'avance. Remuante, dérangeante, inimitable.

«Contraction/The Maïdo»
Indian Ocean Villa of the Medicis
Reunion Island, 1997–2000

Villa Médicis de l'océan Indien
Île de la Réunion
with/avec
Gilles Clément et Marcel Tavé

«Morphing» process:
from clearing to enclo-
sure
Procédé du «morphing»:
de la clairière à l'enclos

Ribbon-like communal
building
Bâtiment commun en
lisière de la forêt

The Maïdo road climbs up from the sea, set against extraordinary terracing of tropical vegetation: burnt gramineae savannahs, sugar-cane fields, bamboo ravines, eucalyptus forests, stretches of mimosa acacias and geraniums, clumps of peace pipe, tamarind groves, and moors of broom up on the island's high volcanic parts. The road serves both as the vector of perception and destruction. Half way up, a clearing opens out into a 1,200 metre-high ravine, and the programme's communal elements are distributed in haphazard fashion along its edge (reception, refectory and lounge area). These constructions are perforated by Cryptomeria trunks for the purpose of continuity of vegetation. In the ravine, ten or so artists' dwellings and studios are lodged into the canopy of trees, supported by props. The plastic shutter facades act as a mirror, reflecting the lofty acacia boughs.

Model
Maquette

**Artists' residences and
studios in ravine**
Les résidences et ateliers
d'artistes dans la ravine

La route du Maïdo remonte, depuis la mer, un extraordinaire étagement de végétations tropicales: savanes de graminées brulées, cultures de cannes à sucre, ravines de bambous, forêts d'eucalyptus, friches d'acacias mimosas, cultures de géraniums, touffes de calumets, bois de tamarins pour finir sur une lande de genêts couvrants les hauteurs du massif volcanique de l'île. La route en est le vecteur de perception mais aussi de destruction.

À mi-chemin s'ouvre une clairière dans une ravine à 1 200 m d'altitude. Sur la lisière, se distribuent de façon aléatoire les parties collectives du programme (accueil, cantine, salle de détente). Les troncs des cryptomérias perforent ces constructions afin de ne pas interrompre la continuité de la végétation. Dans la ravine, une dizaine de résidences et d'ateliers pour artistes sont enserrées dans la canopée des arbres sur béquilles. Les façades en volets de plastique miroir reflètent la cime des acacias.

«Aspiration/Acqua Alta»
Architecture School
Venice, 1998

«Aspiration/Acqua Alta», École d'architecture
de Venise, Italie
with/avec
Ammar Eloueini

This non-winning competition scheme for extending the Venice School of Architecture and building a multimedia library is paradigmatic of Roche, DSV & Sie.P's work. Christened «Acqua Alta», it plays on hybridization between the analogous architecture of neighbouring buildings (former industrial refrigerators and warehouses) and the fluid element of the Venetian canal, drawing on the metaphor of aqueous aspiration. The rippling water and undulating algae (caused by pollution) hence conceptually and generically underpin the architecture, as does their colour, ranging from chlorophyll green to the greenish-brown hue of decay. Like a ballet of plastic medusae, the programme's functions unfold in a string of interweaving elements stamped with thickly-blurred transparency. This is hence no ecological scheme, with an idealized Venice wiped clean of its legendary grime; on the contrary, it points up the city's lagoon character.

Housed within an existing concrete warehouse, the scheme is based on a digital process of aspiration by using the simulated referential image of a glass of water (Silicon Graphic and Soft Image). The school's public spaces (lecture hall and foyer/restaurant) are slotted into the pockets of resistance formed among these undulating movements. The ensemble takes on a contradictory aspect – an image that is both elastic and fluid, but that cannot spill out.

Facade overlooking
the lagoon
Façade sur la lagune

Side facade overlooking
the canal
Vue latérale sur le canal

Interior
Intérieur

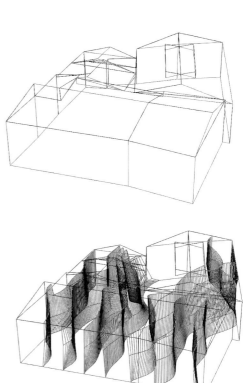

Ce projet non lauréat pour l'extension de l'École d'Architecture de Venise et la construction d'une médiathèque est paradigmatique du travail opéré par Roche, DSV Sie.P. «Acqua Alta», c'est le nom du projet, joue sur l'hybridation entre l'architecture des bâtiments voisins (anciens frigos et entrepôts industriels) et l'élément liquide du canal vénitien sur laquelle s'opére la métaphore de l'aspiration des eaux.

La matière aqueuse et les algues (qui sont la conséquence de la pollution), leur ondulation, leur couleur, du vert chlorophylle à la décomposition brune verdâtre, sont donc à la fois le support référentiel et le support générique de l'architecture. Les fonctions du programme se déroulent ainsi en entrecroisements multiples, filandreux, comme un ballet de méduses en plastique, à la transparence trouble et épaisse. Il ne s'agit donc pas d'un projet écologique, idéalisant Venise débarrassée de ses impuretés légendaires, mais qui bien au contraire qui renforce son identité lagunaire.

La forme du projet est issu d'un processus numérique d'aspiration dans l'enveloppe volumétrique d'un entrepôt en béton préexistant, simulée à partir de l'image référentielle d'un verre d'eau (sur Silicon Graphic et Soft Image). Dans les îlots de résistance de ces mouvements ondulatoires s'insèrent les lieux publics de l'École (amphithéâtre, restaurant d'accueil). L'ensemble est perçu de façon contradictoire, image à la fois élastique et liquide, mais ne pouvant se répandre.

Model
Maquette

Block plan
Plan masse

**Digital construction
of the filaria**
Construction numérique
du filaire

Section
Coupe

«Folding/The Bush»
Soweto Memorial Museum
South Africa, 1993

«Pliage/Le Bush»
Musée-Mémorial de Soweto

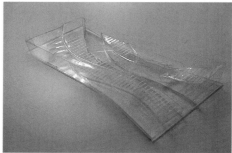

View of site
Vue du site

Before/After
Avant/Après

Model of interior
Maquette de l'intérieur

The Memorial Museum, (also containing the township's archives), is located on the site of Hector Peterson's tomb, a child from Soweto killed during the peace march of 20 June 1976, and whose death triggered the anti-apartheid movement. The rippling one-hectare plot is covered in a «bush» of gramineae burnt by the sun and which protects the child's tomb in the centre of the undulating site.

The museum's rooms are buried underground. Only a few transparent plastic volumes (of the same size as the containers housing the township's public facilities) perforate the nappe, revealing the artificial nature of this new technological ground surface.

Le Musée-Mémorial, intégrant les archives du township, se trouve à l'endroit de la tombe d'Hector Peterson, enfant du township de Soweto, tué pendant la marche pacifique du 20 juin 1976 qui fut le point de départ du mouvement anti-apartheid. Le terrain d'un hectare est travaillé par un mouvement ondulatoire. Il est recouert d'un «bush» de graminées brulées par le soleil qui protègent la tombe de l'enfant au centre du vallonnement.

Les salles propres au musée sont enfouies sous terre. Seuls quelques volumes transparents en plastique, de la taille des containers utilisés comme équipements publics dans le township, perforent la nappe et font apparaître la nature artificielle de ce nouveau sol technique.

«Puffed up/The Bubble»
Renovation of Belleville Tube Station, Paris, 1998

«Boursoufflement/La Bulle»
Rénovation de la station de métro Belleville
with/avec
Purple Rose

«Morphing» process
«Morphing»

**Block plan and
side section**
Plan masse et
coupe latérale

Model of Paris under-
ground network and of
«Bubble»
Maquette de la station de
métro et de la «Bulle»

A bitumen bubble rises up from the Parisian pavement along Boulevard de Belleville, housing a new I.T. room for the Paris underground – an internet mail box. Although visible, this place is not, however, intended as a new piece of urban street furniture. Its upthrust results from successive morphing, as if there were a natural swelling in the land.

Une bulle de bitume émerge du pavé parisien sur le boulevard de Belleville. Elle renferme un nouveau service intégré à la station en sous-sol de métro de la RATP, une Mail box sur réseau internet. Ce lieu, bien que visible, n'impose néanmoins pas de nouveau mobilier urbain. Le soulèvement a été projeté par un morphing successif, comme un boursoufflement naturel du sol.

Nasrine Seraji
Paris

Her first building brought Nasrine Seraji sudden fame far beyond France. In 1991, opposite the building site of Frank O. Gehry's American Center, a small temporary building fascinated with its surprising spaciousness. With simplest material means it not only fulfilled the purpose of giving the renowned cultural institution a temporary shelter, but reinterpreted its urban space lucidly and dynamically.

By superimposing and juxtaposing, a unique spatial complexity developed around an empty inner space, transforming the confinement of the site and the building's multiple constraints into surprising liberties. In Paris, a city of overly clear borders between public and private spaces, with rare openness it gave its visitors the unexpected opportunity of being both inside and outside at any time, of being in dialogue both with the building and the urban space.

Alluding to the architect's personal history, an American critic then called the small building, which already contained the fundamental elements of Seraji's architectural conception, an «architecture nomade». Born in Teheran, raised in the United States, having studied at the A.A. in London and later also taught at this elite school of the European architecture avantgarde of the eighties, her person and work connect diverging philosophical and artistic attitudes. She is an intellectual, whose receptivity seems unlimited and who has a rare ability for synthesis.

The award-winning project for a suspension bridge, that was to span across the Place de la Concorde for the Bicentennaire, brought her to Paris in 1988. Although the project was not realized, she stayed in Paris, like many other architects of her generation, attracted by its culture of open competitions and its openness toward new architecture. Here her «other» biography allows her precisely the critical distance that she considers essential for the development of her architecture, taking nothing for granted, questioning everything.

Her architecture is about Hannah Arendt's «res publica» of responsible individuals, who are no longer objects of politics, who have the right and duty to take an active part in public life. Some mistakenly consider it to be a part of deconstructivism. Rather, it is the search for social space, explicitly seen as dynamic and open, that drives her and her collaborator of many years, Andres Atela. The complexity of multiple spatial autonomies, the layering and contrasting of very different materials and textures, colours and incidence of light are always their means and never their end.

For it is not primarily the body, «the solid», but the critical space of emptiness, «the void», which results as the negative space in the confrontation of «solids» and is always central to her projects. The French words «plein et vide» inadequately capture this dichotomy, which allows almost inexhaustible possibilities. The void is consistently the main space that directs and reveals information, where a dialogue happens that reaches beyond the individual's autonomy and entities' spatial borders. Opposed to an increasingly self-referential architecture, Nasrine Seraji wants to create spaces that are not simply accepted, but that beg to be perceived and questioned, ultimately making humans think about their way of living and urging them to communicate. Opposed to a fragmentation of space and social segregation, she repeatedly relies on an «in-between», on spatial opening and tension. Whether in the rehabilitation of social housing in Sarcelles near Paris or in the competition for a new architecture school for Tours.

Nasrine Seraji, Paris

En 1991, Nasrine Seraji acquit une célébrité internationale du jour au lendemain avec le premier bâtiment qu'elle réalisa: une structure temporaire installée en face du chantier de Frank O. Gehry pour le Centre culturel américain de Paris, qui surprenait par sa succession d'espaces se développant sur une surface limitée. Composé des matériaux les plus rudimentaires, ce bâtiment destiné à abriter provisoirement la célèbre institution culturelle interprétait l'espace urbain de façon dynamique.

Un volume d'une complexité unique s'y développait autour d'un espace intérieur vide, s'appropriant ainsi avec une liberté surprenante l'exiguïté du terrain et les nombreuses contraintes imposées par le bâtiment. À Paris, ville où la distinction entre chose publique et chose privée est on ne peut plus nette, cette construction offrait aux visiteurs stupéfaits la rare possibilité d'être à la fois à l'intérieur et à l'extérieur, et d'entrer en dialogue avec le bâtiment ainsi qu'avec l'espace urbain.

Faisant référence à la biographie de Seraji, un journaliste americain qualifia «d'architecture nomade» ce petit bâtiment comportant déjà tous les éléments fondamentaux qu'on devait retrouver dans les réalisations ultérieures de l'architecte. Née à Téhéran, élevée aux États-Unis et ayant étudié puis enseigné à l'école d'architecture A.A. de Londres d'où est sortie l'avant-garde européenne des années quatre-vingts, Seraji cristallise sur sa personne et dans son œuvre une grande variété de conceptions philosophiques et artistiques. C'est une intelectuelle, dont la capacité d'assimilation semble illimitée, et qui possède un don rare pour la synthèse.

Elle s'installa à Paris en 1988, à cause d'un projet de pont suspendu au-dessus de la place de la Concorde, un projet lauréat d'un concours organisé à l'occasion du bicentenaire de la Révolution. Le projet ne fut jamais réalisé mais elle resta néanmoins à Paris, attirée comme de nombreux autres architectes étrangers de sa génération par l'esprit des concours publics organisés en France, et par l'intérêt que l'on porte dans ce pays à la nouvelle architecture. Sa biographie particulière confère à Seraji une distance critique qu'elle considère comme absolument nécessaire à son travail: selon elle, rien n'est donné d'avance, tout doit être remis en question.

Son architecture, que certains voudraient associer à tort au déconstructivisme, s'adresse aux individus responsables de la Res publica, dans les sens que lui donne Hannah Arendt, qui ne sont plus des objets, qui ont le droit et le devoir de participer active au public. Nasrine Seraji est en quête d'un espace social qu'elle considère de façon explicite comme dynamique et ouvert. Le jeu avec la lumière et les couleurs, les multiples espaces complexes et autonomes, la superposition et juxtaposition d'une grande variété de matériaux et de textures restent toujours pour elle – et Andres Atela, son collaborateur de longue date – un moyen et non une fin.

Ce n'est pas le solide qui se trouve au centre de chacun de ses projets, mais bien son antagoniste: le vide critique. Les mots «plein» et «vide» ne peuvent ici que partiellement rendre cette dichotomie et les possibilités pratiquement illimitées qui en résultent. Le vide est toujours «l'espace central» qui guide et donne l'information», le lieu où naît un dialogue qui dépasse l'autonomie de l'individu et les limites des entités dans l'espace. En désaccord avec une architecture de plus en plus portée au nombrilisme, sans toutefois démordre de son autonomie artistique, Nasrine Seraji entend créer des espaces non seulement appropriables mais qui peuvent être réinterprétés par l'usage, des espaces, enfin, qui nous invitent à réfléchir sur nos modes de vie et nous incitent à communiquer. Qu'il s'agisse de la réhabilitation de logements sociaux à Sarcelles ou d'un concours pour la nouvelle école d'architecture de Tours, elle tente toujours d'opposer à la fragmentation de l'espace urbain et sa ségrégation sociale un moyen terme, reposant sur les concepts spatiaux de tension et d'ouverture.

Caverne du Dragon
Chemin des Dames,
1996 – 1998

Caverne du Dragon

View of entrance,
north facade
Vue sur l'entrée,
façade nord

View of entrance hall
Vue du hall d'entrée

View of building across
the battlefields
Vue depuis le champ de
bataille

Stair leading to theatre
Escalier vers la salle de
projection

During the First World War, the Chemin des Dames was the site of bitter battles with enemy armies dug deep into the ground. In the Caverne du Dragon, a far branching system of caves, the German army had entrenched itself. In memory of the events of that time, this site was to be made accessible to the public and connected to a small historical exhibit. Establishing connections was

the central motif for Nasrine Seraji, who wanted to link the subterranean world of caves to the expanse of the former battlefield. She conceived a lightweight and long exhibition pavilion on the ridge above the bunker system, with a flowing landscape of roofs that powerfully underlines the site's horizon. A surprisingly open and generous interspace unfolds in a descending movement

through minimized mass and construction, that gradually cedes to transparent surfaces. This «void», connected to a viewing terrace and ramps, allows the visitor a very direct and dynamic experience of the site's topography before submerging into the sombre bunker system.

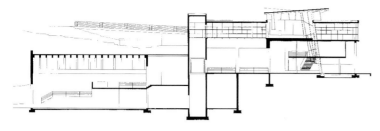

Longitudinal section
Coupe longitudinale

View of hall
Vue de l'intérieur

Plan
Plan

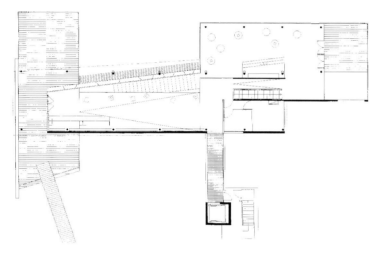

Le chemin des Dames fut le théâtre de combats acharnés durant la Première guerre mondiale. Français et Allemands y occupaient des positions enterrées, ces derniers s'étant retranchés dans la Caverne du Dragon, un vaste labyrinthe souterrain. Afin de commémorer ces événements, il fut décidé de rendre les lieux accessibles au public et d'y présenter une petite exposition historique. La préoc-cupation centrale de Nasrine Seraji était d'établir un lien entre la caverne et l'immensité de l'ancien champ de bataille. Elle a donc conçu un pavillon léger, tout en longueur, et coiffé d'un toit en défor-mation afin de percevoir l'immensité de l'horizon et le paysage des champs. Un vide, espace intermé-diaire étonnamment vaste et ouvert, s'épanouit ici dans un mouvement descendant au caverne. Com-plétée par des rampes d'accès et une plate-forme panoramique, cette structure, qui minimise la mas-se de la construction et fait progressivement place à des surfaces transparentes, permet au visiteur s'apprêtant à plonger dans l'obscurité de la caver-ne d'apprécier directement et de façon dynami-que la topographie locale.

Musicon
Bremen, 1995

Musicon de Bréme

Model
Maquette

Longitudinal section
Coupe longitudinale

What links the collective performance of a musical event and the individual act of listening today? Social engagement and diverging interests and expectations? And what kind of concert hall is it, where sound unfolds along its entire width while allowing an intimate visual relationship between each patron and the stage, and enables a freer arrangement of the orchestra for modern music? These questions were central to the architect's conception of a philharmonic hall for Bremen, which included public facilities such as a chamber music hall, a music library and conference rooms. To counteract the lost character and the confinement of the envisioned location, Seraji situated the concert hall at the tightest, most vulnerable point, where functions and spaces are most densely superposed, where visitors encounter urban density, the greatest variety of sensations and experiences. Ascending levels lead to the concert hall which is autonomously set, secure under an opaque hyperbolic shell. In alternating relations to it, Seraji developed a specific space for each use. These differently articulated bodies extend into the public space of the «void», where their confrontation and layering visualize the distinct functions and meanings.
(In collaboration with philosopher Jean Attali and musicologist and philosopher Danielle Levinas – Competition, 2nd prize)

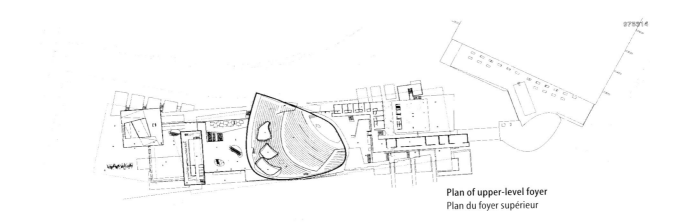

Plan of upper-level foyer
Plan du foyer supérieur

Ground floor plan
Plan du rez-de-chaussée

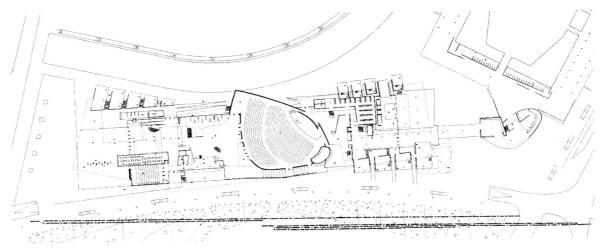

Comment combiner aujourd'hui concert public et écoute individuelle? Comment tenir compte des intérêts et des attentes des individus lors d'une rencontre en société? Et comment concevoir une salle de concert qui, simultanément, permette au son de s'épanouir totalement, sache créer une intimité visuelle entre le public et la scène, et donne à un orchestre de musique moderne une plus grande liberté dans l'espace? Ces questions étaient au centre des préoccupations de l'architecte lorsqu'elle conçut la Philharmonie de Bréme, édifice abritant notamment un auditorium de musique de chambre, une bibliothèque spécialisée et des salles de conférence. En réponse à la configuration exiguë du terrain Seraji a choisi le point le plus fragile du site pour placer l'élément le plus fort du projet: la salle de philharmonie afin d'accentuer une densité programmatic, où une multitude de sensations et d'expériences s'offrent au public. Des plans inclinés mènent à la salle de concerts proprement dite, abritée sous une coque opaque hyperbolique. Pour chaque espace annexe, Seraji a développé des locaux appropriés en relation avec la salle, qui couvrent toute la gamme allant du solide au vide, et visualisent la superposition et la juxtaposition des fonctions et des significations.
(en collaboration avec le philosophe Jean Attali et musicologiste et philosophe Danielle Levinas – deuxième prix du concours)

Temporary American Center
Paris, 1991

Centre culturel américain provisoire

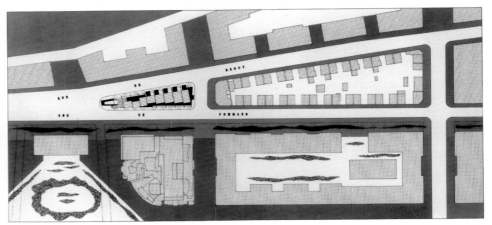

Aerial view
Vue aérienne

The American Center opposite Gehry's construction site
L´American Center en face du chantier de Gehry

Site plan
Plan de situation

With a kind of openness outrageous for Paris – of structures, of roof, walls and corners- and amazing confrontations and transclucent surfaces, Nasrine Seraji realized this temporary building, which ceded to a little square after three years of existence. The building originated in the square's trees, as it temporarily accommodated the renowned cultural institution, the «American Center», opposite Frank O. Gehry's building site. The architect developed the building along the strict rows of the 21 trees. Half the trees' height and spacing determined the center's module of 3 x 4 metres. The building grew around a «void» harbouring the trees, and reached far into the surrounding space. All the levels and spaces, either open, translucent or transparent, were connected here. Picking up on the site's tapering shape and the close vicinity of small turn-of-the-century villas, Seraji created an exceptionally dynamic «espace trouvé», that entered into a self-confident dialogue with its site through insoluable spatial collisions.

Ce bâtiment temporaire, qui n'exista que pendant trois ans avant de céder la place à un jardin public, fut doté par Nasrine Seraji d'un toit, de murs et de recoins absolument stupéfiants pour le public parisien. Il fut construit entre deux alignement d'arbres, afin d'abriter le Centre culturel américain tandis que Frank O. Gehry construisait à proximité le bâtiment définitif. Des modules de trois mètres sur quatre, correspondant à la moitié de la hauteur et de l'espacement des arbres, et fortement en saillie par rapport à l'alignement, furent développés autour de vides protégeant les arbres. Les différents niveaux et espaces, ouverts, translucides ou transparents, étaient tous reliés entre eux. Créé sur un terrain de forme irrégulière, cet «espace trouvé», exceptionnellement dynamique, cherchait délibérément à provoquer un dialogue conflictuel avec les villas de la Belle Époque construites à proximité.

Maison Styltech, 1997

Maison Styltech

N

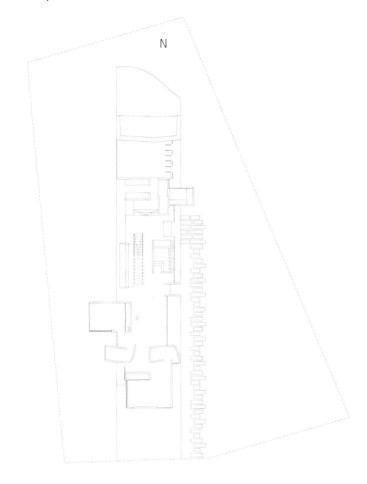

Plan	Interior view	Model
Plan	Vue de l'intérieure	Maquette

This residential house is the result of a competition organised by Usinor Sacilor and its branch Styltech. It describes a double movement, towards intimacy and sociability, that happens here in a flowing space without vertical divisions. Nasrine Seraji conceived the house for either a family or four independent individuals. All private rooms are concentrated on the ground floor. The parents' room is oriented east-west, while the children's rooms face south. These are sculpturally formed and function as two large piers that, together with the bathrooms, support the upper floor. In contrast, the core is the communicative centre of the whole family: this open space leads upstairs, where the intimate living and dining space is located and a terrace and balcony extend far into the exterior. A «skin» alternating between vertical wooden panels, that ensure the required intimacy, and transparent or translucent fields of glass, supports the special spatial experience of a house of flowing transitions.

Cette maison fut conçue à l'occasion d'un concours organisé par la société Usinor Sacilor et sa filiale Styltech. Elle se caractérise par un mouvement double entre intimité et sociabilité ayant lieu dans un espace fluide, c'est-à-dire sans séparation verticale. Nasrine Seraji a conçu le bâtiment à l'intention d'une famille ou de quatre individus indépendants. Les pièces privées se concentrent au rez-de-chaus-sée : sur l'axe est-ouest celles réservées aux parents, au sud celles destinées aux enfants. Volumes plastiques, ces pièces fonctionnent comme de gros piliers supportant l'étage supérieur. Au centre se trouve un espace de communication ouvert destiné à toute la famille. Il garantit un accès fluide au premier étage, où se trouvent une salle à manger et un salon se prolongeant largement vers l'extérieur grâce à une terrasse et un balcon. La perception particulière de l'espace qu'offre cette maison où l'on glisse en douceur d'une pièce à l'autre, est renforcée par des panneaux de bois verticaux alternant avec des parois de verre translucides et transparentes.

Tectoniques
Lyon

If you believe that critical regionalism is still relevant today, as the 20th century draws to a close, go to Lyon and pay Tectoniques a visit. This team of four architects – three men and one woman – have made their home in this city, creating schemes that feed on its specific cultural atmosphere containing elements from the Alps and Barcelona. Their reliance on simple typologies that mediate with the landscape is reminiscent of the Tecino architects. They share the Swiss German preference for timber, since it offers the right syntax between pastiche and vernacular-inspired modernism.

The team is well established in Lyon. Their practice, a converted corner shop located on an attractive square in the Croix Rousse quarter, reflects both the professional precision of their work that would reassure any client, as well as just the right touch of originality that stems from research. Their projects range from very «Miesian» corporate headquarters to dreamy designs contrasting gently with the alternative style, like a city perched at the top of the Fourvière hill or floating gardens beside the Saône.

The architects have come up with new blends of the modern based on the habits and lifestyles of their clients. While they prefer high windows to picture windows because these bring the structure into closer contact with the landscape, they do not hesitate to make use of wide plate-glass windows in their office programmes. For them, the roof is no modern manifesto, but rather an issue of context. The choice of a sloping, flat or curved covering depends on the client's taste, the need for fusing the building with an historical setting or the requirement for bio-climatic architecture. Most of the time, the Auguste Perret legacy tends to win out over Le Corbusier's, although the Couvent de la Tourette in the nearby Beaujolais hills has been a source of great fascination for these graduates of the Lyon School of Architecture.

Unlike many young teams, Tectoniques has a diversified clientele, leaning more towards private commissions. This has been no doubt helped by their 1989 winning «Offices» scheme for the PAN (Plan Architecture Nouvelle) competition which explored workplace flexibility. When it comes to construction techniques, Tectoniques endeavours, whenever possible, to use timber and metal. This reflects not only their preference for craftsmanship and the vibrant nature of these materials, but also a real concern for protecting the building and site environment. Their rapid assembly techniques mean that specifications have to be carefully considered way in advance, and close working relationships formed with contractors. But Tectoniques is not averse to trying its hand at new synthetic materials. The work they are now doing on the bird reserve in Villars-les-Dombes (in the «département» of Ain), draws on plastic and translucent effects of polycarbonates and serigraphy. While so many French architects tend to give up on the poor quality work done in the building industry, the architects at Tectoniques are convinced that their profession has an educational role to play with respect to maintaining and developing expertise in construction.

Tectoniques, Lyon

Si l'on conçoit que la question du régionalisme critique garde tout son sens en ce tournant du XXIème siècle, alors il faut se rendre à Lyon et y rencontrer le groupe Tectoniques. Ces quatre architectes, trois hommes et une femme, sont des Lyonnais d'adoption, qui puisent dans l'aire culturelle comprise entre les Alpes et Barcelone de quoi nourrir leurs références de projets. Leur recours à des typologies simples, médiatrices du paysage, les rapproche des architectes du Tessin. Avec d'autres de la Suisse alémanique, ils partagent un même goût pour la construction en bois qui leur permet souvent de trouver l'écriture juste entre le pastiche et un modernisme d'inspiration vernaculaire.

C'est une équipe d'architectes bien insérée dans la ruche lyonnaise. Leur agence, aménagée dans une boutique à l'angle d'une charmante place du quartier de la Croix Rousse, est à l'image de leur production: une précision professionnelle dans la mise en œuvre qui rassurerait n'importe quel maître d'ouvrage et ce qu'il faut d'originalité pour rendre compte d'une démarche de recherche. Dans leurs cartons, on trouve à côté de projets de sièges sociaux, à l'esthétique très «misienne», des dessins oniriques contrastant gentiment sur le mode alternatif, comme une ville «cabaning» sur les hauteurs de la colline de Fourvière ou des «Jardins flottants» sur le bords de la Saône.

Ces quatre architectes ont opéré un remix de l'héritage moderne en fonction des usages et des modes de vie de leurs clients. Si leur préférence va aux fenêtres en hauteur sur les fenêtres panoramiques, c'est parce que les premières inscrivent le corps dans une relation plus étroite avec le paysage, mais ils n'hésiteront pas à clore par de longues baies vitrées leurs programmes de bureaux. La question du toit ne se pose pas non plus chez eux en terme de manifeste moderne, mais de façon plutôt contextuelle. C'est le souhait du client, l'intégration dans un environnement historique, les exigences d'une architecture bioclimatique qui présideront ici ou là au choix d'une toiture en pente, plate ou cintrée. D'une façon générale, c'est plutôt l'héritage d'Auguste Perret qui est convoqué que celui de Le Corbusier, dont le Couvent de la Tourette, situé dans les collines du Beaujolais toutes proches, a pourtant exercé une fascination sur ces anciens étudiants de l'École d'Architecture de Lyon.

Contrairement à beaucoup de jeunes agences, Tectoniques a sû diversifier ses commandes vers la maîtrise d'ouvrage privée. Leur projet lauréat du PAN «Bureaux» 1989 (Plan Architecture Nouvelle), qui explorait la flexibilité des lieux de travail en fonction de la mobilité au sein des entreprises, y a sans doute beaucoup contribué. En matière de technologie constructive, Tectoniques s'applique à exploiter autant que faire se peut la filière sèche du bois et du métal. Cette option révèle un goût pour l'assemblage mécanique, pour la nature vivante de ces matériaux, mais aussi un véritable souci de l'écologie du bâtiment et du chantier. Les techniques de montage rapides qui y sont associées, demandent à l'amont du projet des carnets de détails soigneusement élaborés et une étroite collaboration avec les entreprises. Mais Tectoniques ne dédaigne pas non plus s'essayer dans les nouveaux matériaux synthétiques. Le projet en cours du Parc des oiseaux dans l'Ain, à Villars-les-Dombes, décline les effets plastiques et de translucidité du polycarbonate et de la sérigraphie. Alors que beaucoup d'architectes français auraient tendance à démissionner vis-à-vis de la déqualification de la main d'œuvre dans l'industrie du bâtiment, les architectes de Tectoniques restent convaincus du rôle pédagogique de leur profession pour maintenir et développer les savoir-faire constructifs.

EDF/GDF Operations Centre
St-Claude, 1997 – 1998

Centre d'exploitation pour EDF/GDF

West platform, work-
shops and garages in the
background on right,
offices
Plate-forme ouest, au fond
les ateliers et les garages,
à droite les bureaux

Office wing against
landscape
Immeuble de bureaux
avec vue sur le paysage

This scheme unfurls along a platform adjoining a
woody slope dominating the city and valley.
Ramps solve the problem of gradient drops between the site and street level (up to 8 metres in
places). The platform's weight is borne by walls of
rock-pile moulded into the concrete. The appar-
ent heaviness of this light-coloured foundation
contrasts with the lightweight dark metal structure of the two longitudinal buildings arranged
in a «T» shape. The one at the rear of the parcel
houses garaging and mechanical plant rooms,
while the building perpendicular to the street
accommodates office space. The latter's roof incline follows the course of the steepest slope and
its gable slightly overhangs the retaining wall.
The horizontal stratification of both structures –
alternating light and dark bands – mimics the
geological layers typical of the Jura massif forming the site's backdrop.

By creating an enclosure that shapes the landscape, the project stands out against the run-of-
the-mill commercial buildings seated in the middle of their parcels in the industrial estate below.
The «T» arrangement creates two courtyards, one
for technical vehicle access, the other (planted
with lawns) for visitors.

While the facades play on a tense pull between mass and glazing and between aluminium and black claddings, the interior office space
offers a gentle, coloured and luminous setting
with sweeping views of the landscape.

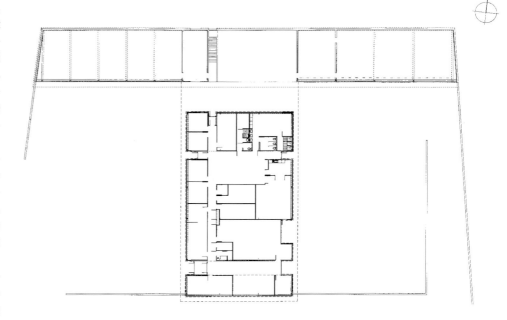

Plan
Plan

Interior views of office wing
Vue intérieure de immeuble de bureaux

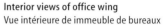

Block plan
Plan masse

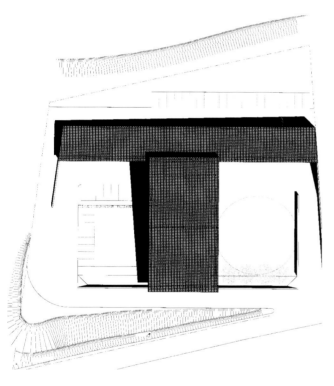

Le projet se déploie sur une plateforme adossée à un versant boisé qui domine la ville et la vallée. Des rampes rattrapent le dénivelé avec la rue qui atteind 8 mètres par endroit. La plateforme est soutenue par des murs formés de lits de pierres insérés dans le béton. L'effet de pesanteur de cette assise claire contraste avec la légèreté et la couleur sombre de la structure métallique des deux bâtiments longitudinaux disposés en forme de «T». Celui en fond de parcelle abrite les garages et les locaux techniques, celui perpendiculaire à la rue,

les bureaux. La toiture de ce dernier s'incline suivant la ligne de plus grande pente et son pignon déborde en léger porte-à-faux au-dessus du mur de soutènement. La stratification horizontale du bâti, l'alternance de bandes claires et sombres, renvoient par mimétisme aux couches géologiques typiques du massif jurassien qui forme l'arrière-plan du site.

Créant un enclos qui façonne le paysage, le projet se démarque de la typologie banale des bâtiments d'activités posés au milieu de leur parcelle

que l'on rencontre dans la zone industrielle située en contrebas. Le dispositif en «T» des bâtiments génère deux cours, l'une de service avec l'accès des véhicules techniques, l'autre engazonnée pour l'accès représentatif des visiteurs.

Si les façades jouent sur des oppositions franches entre les bardages aluminium et noirs, les pleins et les baies vitrées, l'intérieur des bureaux offre en revanche des ambiances lumineuses douces et colorées et s'ouvrent largement vers le paysage.

Timber Houses
St-Pierre de Chandieu, 1996
Abbeville, 1997

Maisons en bois

Abbeville, exterior view
Abbeville, Vue générale

The house in St-Pierre de Chandieu is located on a picturesque slope. Above it, groves of Douglas firs create deep shade, while below, carp swim around in a pond. On the wooded side, the house is enclosed within a black zinc carapace, pierced only at the entrance. Towards the pond, the large open-plan kitchen/living room opens onto a terrace suspended a few metres above the ground. This projected image of a cabin in the woods reflects the client's interest in the environment.

The architecture of the Abbeville dwelling, seated on a rise in the land formerly occupied by a mansion, is inspired by North American timber houses. That is exactly what the client (a young businessman) wanted. He also expressed his desire for enfilade living rooms that he could use as reception spaces.

Both dwellings are accessed at mid-level, their entrances opening onto the central span of the staircase. In St-Pierre de Chandieu, the three storeys – cellars, living room and bedrooms – are stacked. In Abbeville, the programme's split-level components are orchestrated by the clerestorey staircase: services core, living spaces, adults' bedrooms and children's bedrooms.

Both structures are in timber. In St-Pierre de Chandieu, the facade is covered in horizontal autoclaved fir cladding and the curved roof is covered with zinc. In Abbeville, apart from the wall at the entrance, the facade is covered with vertical red cedar cladding, reminiscent of American barns, and the double-pitched roof is in slate. In time, the textures of the two dwellings will darken to become a homogeneous grey.

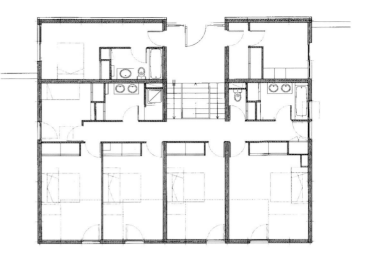

Upper level plan
Plan du niveau haut

Intermediary level plan
Plan du niveau intermédiaire

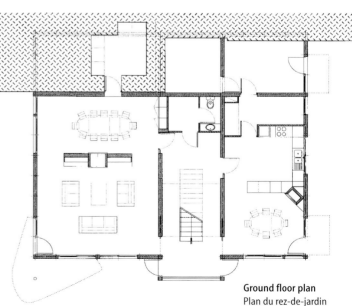

Ground floor plan
Plan du rez-de-jardin

La maison de St-Pierre de Chandieu s'accroche dans un site pittoresque en pente, avec en partie haute un bois de sapins douglas, portant un ombrage intense, et en contrebas une mare habitée par des carpes. Côté sapins, la maison se referme par une carapace en zinc noir, juste trouée à l'entrée. Côté mare, la grande cuisine-séjour s'ouvre sur une terrasse en balcon, suspendue de quelques mètres au-dessus du terrain. L'image de la cabane dans les bois qui s'en dégage s'accorde aux préoccupations écologiques du client.

À Abbeville, l'architecture s'inspire des maisons en bois nord-américaines, car tel était le souhait du maître d'ouvrage, un jeune chef d'entreprise, qui désirait également disposer de plusieurs pièces de séjour en enfilade pour des réceptions. La maison prend place à cheval sur un ressaut du terrain, à l'emplacement d'une ancienne maison de maître aujourd'hui démolie.

Dans les deux projets, l'entrée se fait à mi-hauteur de la maison et donne sur la travée centrale de l'escalier. À St-Pierre de Chandieu, les trois étages, caves, séjour et chambres, sont simplement superposés. À Abbeville, l'escalier en claire-voie distribue les entités fonctionnelles réparties par demi-niveaux: locaux de services, pièces de séjour, chambres des adultes, chambres des enfants.

Les deux maisons sont construites en ossature bois. À St-Pierre de Chandieu, la façade est recouverte d'un bardage en bois de sapin autoclave posé horizontalement, et le toit cintré est recouvert de zinc. À Abbeville, à l'exception du mur d'entrée en brique de parement qui fait face aux anciens communs, la façade est revêtue d'un bardage vertical en cèdre rouge, qui fait référence aux granges américaines, et la toiture à double-pente est en ardoise. Avec le temps, les textures des deux maisons vont s'assombrir pour se fondre dans un gris homogène.

St-Pierre de Chandieu

Exterior view
Vue générale

West facade
Façade ouest

Ground floor plan
Plan du rez-de-chaussée

View of interior staircase
Vue sur l'escalier intérieur

Students Hall of Residence
School of Arts and Crafts
Cluny, 1996 – 1997

Résidence pour les étudiants de l'École Nationale
Supérieure des Arts et Métiers – ENSAM

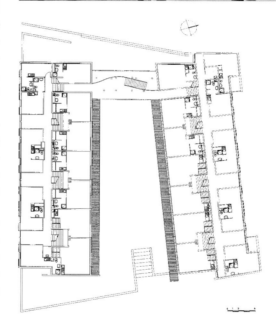

Across from the city walls, near Cluny abbey, this contemporary structure strikes up a dialogue with its neighbouring historical monuments. The halls of residence comprise two buildings linked by a foyer and which fan out around a garden planted on top of a basement course. The north facade is wedged along an axis that starts out at the two gates of the Porte de Paris wall before meeting up with the Grosne River. It is located opposite the old Ciergerie (Candle Factory) whose two bastions are echoed by the halls of residence's corner pavilions. This symmetrical composition, drawing on both the old and the new, was inspired by an 18th-century plan for a French formal garden which was never completed.

The architectural tone proposes a counterpoint to the surrounding classical vocabulary. The tall windows with their wooden shutters are distributed randomly, evoking a more abstract syntax. Over the inner courtyard, a metal structure on the facade caters for gangway balconies.

Student accommodation on the ground floor is distributed over the same level. Upstairs, a single gallery with half-flights of stairs leads to studio apartments and four large, five-room apartments with through views, spread out over three split-levels.

View of garden facade
with access balconies
Vue de la façade sur jardin
avec balcons en coursives

Floor plan
Plan d'étage

Située en face des remparts de la ville, à proximité immédiate de l'abbaye de Cluny, cette architecture contemporaine établit un dialogue avec les monuments historiques qui l'entourent. La résidence se compose de deux corps de bâtiments, reliés par un hall d'entrée et de part et d'autre d'un jardin posé sur un socle formant soubassement. La façade nord se cale le long d'un axe débutant aux deux guichets des remparts de la Porte de Paris pour rejoindre la rivière de la Grosne. En face se trouve l'an-

cienne Ciergerie avec ses deux bastions que la résidence d'étudiants répliquent par des pavillons d'angle. Cette composition symétrique, nouvelle et ancienne à la fois, s'inspire du plan d'un jardin à la française remontant au XVIIIè siècle et resté inachevé

L'écriture architecturale propose un contrepoint au vocabulaire classique environnant. Les fenêtres en hauteur et les volets de bois, disposés de manière aléatoire, renvoient à une syntaxe plus

abstraite. Sur la façade intérieure, une structure métallique accueille des balcons en coursives.

Au rez-de-chaussée, les logements des étudiants sont desservis de plein pied. En étage, une unique galerie distribue par des escaliers en demi-volées des studios et des groupes de quatre grands appartements traversants de cinq pièces eux-mêmes répartis sur trois demi-niveaux.

Bird Reserve
Villars-les-Dombes, 2000 – 2003

Parc des Oiseaux

View of reserve entrance
Vue de l'entrée du parc

Tropical greenhouse
Serre tropicale

The underlying concept of this redevelopment project is to «stage» the normal habitat of the various bird families: the savannahs, tropical greenhouse, parrot city, vultures' rock, South American aviary, cold lands and the Dombes farm. The architecture and materials are part and parcel of the décor. In the large tropical greenhouse, for example, the framework posts are laid out at random creating the illusion of tree-like growth. The translucent and opaque screen print facades filter the light like tropical foliage. In the cold lands, the facade's double skin in milky metacrylate casts a white, almost unreal, light similar to that of polar winters. The penguins' building resembles a block of ice. And the vultures' rock is in the form of a lens covered by a veil in stretched metal textile, creating the effect of a transparent, organic-like shell.

Le projet de réaménagement de ce parc animalier se fonde sur un concept ludique, mettant en scène des «mondes» interprétant le milieu d'origine des différentes familles d'oiseaux: les Savanes, la Serre tropicale, la Cité des perroquets, le Rocher des rapaces, la Volière sud-américaine, les Terres froides, la Ferme des Dombes. L'architecture et ses matériaux participent directement au décor scénographié. Dans la grande serre tropicale, par exemple, les poteaux de la charpente disposés de manière aléatoire produisent l'image d'une arborescence végétale. Les façades sérigraphiées translucides ou opaques tamisent la lumière à la manière d'une frondaison tropicale. Dans les Terres froides, la double peau de la façade en métacrylate opalescent distille une lumière blanche, presque iréelle, comme celle de l'hiver polaire. Le bâtiment des manchots prend l'apparence d'un bloc de glace. Le Rocher des rapaces se présente sous la forme d'une lentille recouverte par un voile réalisé en métallotextile tendu qui restitue à cette volière un effet de coque transparente proche du monde organique.

Tetrarc
Nantes

Tetrarc's design approach is comprehensive. The wide array of activities of the firm, founded 1988 in Nantes, reaches from urban design to the redesign of public spaces to the individual building, from industrial design to scenography and museography. Like few others, the firm pursues the idea of the *Gesamtkunstwerk*, the total work of art. Four architects, Michel Bertreux, Alain Boeffard, Claude Jolly and Jean-Pierre Mace came together, understanding architecture to be a poetic bearer of meaning.

Their appropriation of the city is playful, the order of their configurations is pre-stable. Consistently they transform the complexity of programmes and sites into multi-layered, ever-changing events. They want to awaken perception and further identification, and conceive of urban space as a second nature, expressively and vegetatively condensing the site into an unmistakable dynamic event in a rationalist, morphological and topographic way. The architects see their work as a kind of urban repair, enscribed in the continuity of a place. And in Nantes, the old and honourable harbour town, they like to employ maritime metaphors as well.

A sports hall, that opens with a gill-like skin of glass and wood; an urban square, whose tram stop and covered market place were designed with delicate steel masts and steel sails; or a lock-house, that is reminiscent of ships' hulls or cranes, make up the part of their work that is rich in associations. Biomorphous forms and structures constitute another part. Repeatedly breaking the orthogonal order of the city, they give the complexity of the city and its living world an unmistakable individual form. In this sense, the free-standing staircase of a school will assume the form of a lifted hand, or a building envelope will awaken associations to insects or plants.

But Tetrarc's approach to nature is not limited to the purely formal borrowing that facilitates the legibility and mediation of their architecture. They also see their projects as explicit organic units that emerge from physiology, the study of living conditions in changing societal and climatic conditions. Their study of nature goes as far as to accomplish the realization of one of the first green roofs in France for a nursery in 1995. In so doing, their appropriation of nature certainly has a northern element that tries to reconcile nature and city and in so doing also uses expressivity.

Not by chance then, the architects cite Alvar Aalto, whose work they studied in Finland, as their only fixed point of reference. They share his preference for free, not seldom amorphous bodies, for wood as a material that ages in dignity, and for architectural planning where the interior is a part of the space. Like him, they place buildings as solitaires in the space of the city. Theirs, however, initiate a self-willed dynamic dialogue with their surroundings through complex yet still clearly legible sequences of body and space. It is precisely the immaterial, the effect of natural and artificial light, the unmistakable specific functional and tactile qualities of different materials, that have led Tetrarc, like Aalto, from industrial design to museography and scenography. These are areas of work that link functionality and aesthetics on a high level, and are in no way second their architectural work. The scope of Tetrarc's work reaches from the redesign of numerous museums and exhibitions, the Direction régionale des affaires culturelles in Nantes, or the library in Saint Herblain, to the E.D.F.-transformers, a transmitter mast for France Telecom in Bouguenais, or the Liparis pharmaceutical furniture system. The design of urban squares and traffic systems for Nantes, Pouzauges, Limoges or Montpellier, finally, closes the circle, again in the urban space. A visit to the Zone d'activités Oceanis near St. Nazaire is highly recommended. Here Tetrarc created a rond-point in the rough surroundings of an industrial area. Its tactile-virtual, alternating game of water, lackered pieces of coal and lighting design creates a unique aesthetic attraction.

Tetrarc, Nantes

Fondé à Nantes en 1988, Tetrarc aborde l'architecture de façon très large : urbanisme, aménagement des espaces publics, constructions neuves, design industriel, scénographie et muséographie. Ses quatre membres (Michel Bertreux, Alain Boeffard, Claude Jolly et Jean-Pierre Mace) sont des adeptes de l'idée d'œuvre d'art totale et considèrent l'architecture comme un signifiant poétique.

S'appropriant la ville de façon ludique, le groupe élabore des édifices qui cherchent systématiquement à transformer en événements à multiples facettes la complexité des programmes et des lieux. Son ambition est de stimuler un autre regard sur la ville et d'en renforcer son appropriation par des interventions expressives, imprimant comme une seconde nature à la morphologie urbaine. Tetrarc considère en fait leurs architectures comme des opérations de réparations urbaines qui s'inscrivent dans l'esprit d'un lieu.

À Nantes, respectable ville portuaire, le groupe a volontiers recours à des métaphores maritimes. Citons par exemple une maison d'éclusier qui évoque la poupe d'un navire, ou encore un stade, un marché et une station de tramway couvert par des voiles tendues entre de graciles mâts en acier. Mais Tetrarc a recours également à un vocabulaire organique visant à briser l'orthogonalité de la ville et à y apposer la marque personnelle du groupe. C'est dans ce registre que se place l'escalier en forme de main dressée, conçu pour l'agrandissement d'un collège, ou encore ces diverses enveloppes de bâtiments évoquant des insectes et des plantes.

Le biomorphisme n'est cependant pas pour Tetrarc un simple emprunt formel destiné à faciliter la lecture de l'architecture, mais plutôt une posture inspirée des modes de vie, des conditions sociales et climatiques. L'intérêt des membres du groupe pour la nature n'est pas anecdotique. En 1995, ils ont construit une crèche qui comportait un des premiers toits en gazon jamais réalisés en France. Cette démarche, importée d'Europe du Nord, vise à concilier la nature et la ville, et à conférer une plus grande expressivité à l'architecture.

Ce n'est donc pas un hasard si les quatre architectes reconnaissent avoir été influencés par Alvar Aalto, dont ils ont étudié les œuvres en Finlande. Eux aussi ont une préférence marquée pour les formes libres et souvent amorphes, pour le bois, matériau qui porte bien les traces du temps, et pour les programmes d'architecture qui comprennent la conception des intérieurs. Tout comme Aalto, les architectes de Tetrarc implantent dans l'espace urbain des volumes singuliers, mais qui entretiennent toujours un dialogue dynamique avec leur environnement du fait de leur articulation complexe et cependant lisible. Comme Aalto encore, Tetrarc en est venu à la scénographie, la muséographie et au design industriel par la manipulation sur la lumière et le travail sur des matériaux aux qualités constructives et sensuelles variées.

Les œuvres réalisées par le groupe dans ces domaines mineurs ne cèdent en rien en qualité esthétique et fonctionnelle à leurs œuvres purement d'architecture. Citons notamment le réaménagement de la Direction régionale des Affaires culturelles de Nantes, la bibliothèque de Saint-Herblain, divers transformateurs EDF, le pylône de télécommunications France Telecom à Bouguenais ou encore le mobilier des pharmacies Liparis. Après avoir nourri les débuts de l'agence par des projets d'urbanisme, Tetrarc est revenu à l'échelle urbaine en réaménageant récemment diverses places et voies de circulation à Nantes, Pouzauges, Limoges et Montpellier. Évoquons pour terminer le rond-point réalisé dans la zone d'activités Océanis, près de Saint-Nazaire, merveille «tactilo-virtuelle» d'eau, de charbon laqué et de lumière artificielle, installée dans un environnement pourtant peu accueillant.

Place Pirmil Tramway Station and Covered Market
Nantes 1991 – 1992

Station de tramway et marché couvert
de la place Pirmil

Tramway station
Station de tramway

Covered market during
opening hours
Marché couvert pendant
la journée

In this project for the design of a square, Tetrarc took on one of the many non-places of today's cities. The opening of Nantes' second tramway line, at the confluence of the rivers Erdre and Loire, between city centre and banlieue, was the occasion to create a square for a new covered tramway station and a weekly market. The heavily used, but hardly noticed transfer point Pirmil, where thousands of commuters switch from bus or cars to the tram on the way to Nantes' centre, was to change into a functional as well as urban city square. With strict linearity Tetrarc created its own territoriality in contrast to the entropy of the site. Low rises in level delimit it from traffic. With long parallel strips of black concrete sunken into the ground, its oversized parking lot is oriented to the new twin buildings, two playful airy structures that transform Nantes' maritime location into enchanting architectural metaphors. Of different widths, approximately 70 metres long and 7 metres high and spanning only between delicate masts, each one is made up of three randomly folded steel sails that promise weightless shelter. Their wavy underside was covered with reflective inox, not only playfully mirroring the events below it, but lending the square an unmistakable atmosphere of light, especially at night.

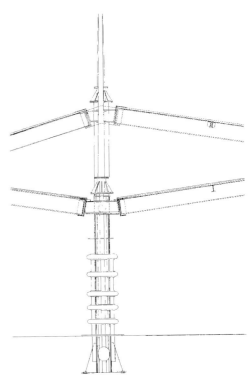

Covered market at night
Marché couvert pendant
la nuit

Roof detail
Détail de la toiture

Overall plan
Plan d'ensemble

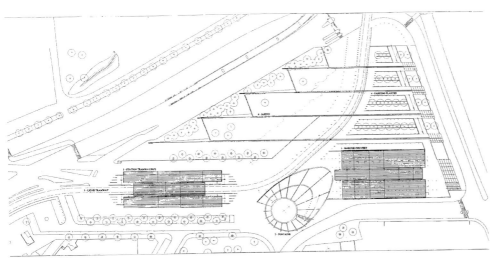

Avec ce projet portant sur la construction d'un marché couvert et d'une station sur la seconde ligne de tramway de Nantes, Tetrarc a cherché à donner une certaine consistance à l'un de ces nombreux «non-lieux» que comptent les villes modernes. La place Pirmil, située en banlieue près du confluent de la Loire et de l'Erdre, n'était auparavant qu'un point de passage obligé pour les milliers de personnes qui venaient chaque jour y prendre le tramway afin de se rendre dans le centre-ville. Tetrarc en a fait un centre urbain fonctionnel, dont la stricte linéarité parvient à créer sa propre territorialité en dépit de l'entropie du lieu. La place est légèrement dénivelée par rapport aux voies de circulation. Un vaste parking est parcouru de longues bandes en béton noir, parallèles à deux bâtiments jumeaux très aérés qui constituent de véritables métaphores de l'architecture portuaire de Nantes.

Trois voiles en acier, longues d'environ soixante-dix mètres et tendues entre des mâts graciles, flottent horizontalement à une hauteur de sept mètres au-dessus de chacun de ces bâtiments. Elles sont recouvertes sur leur face inférieure ondulée d'un revêtement inoxydable dans lequel se reflète le mouvement des passants et des véhicules et qui, la nuit venue, confère une atmosphère lumineuse unique à la place entière.

Sports Centre
Nantes-Belleville, 1994 – 1997

Maison des sports

The old building with
its new envelope
L'ancien bâtiment avec
sa nouvelle peau

Central hall
L´atrium central

In the suburbs of Nantes, in the large housing estate of Belleville, lies the site of this sports centre, the result of the conversion of a run-down 1960s housing block. With a lucid strategy of transmutation and narration, Tetrarc created a house for the olympic and athletic organizations of the Région Pays de la Loire which self-confidently and very eloquently carries its purpose to the exterior. A new envelope as well as an extension, a dynamic technoid body that grew out of the existing building, give it particular weight, setting it apart in the quiet residential neighbourhood. The multi-layered envelope was conceived to bear meaning. A skin of metal plates with surrounding bands of text and photographs of local athletes mounted on protruding metal boards proclaim which sports are represented here. And the structure of the old building, which was to the largest part preserved, was enlarged by an extension transforming it into an extraordinarily dynamic event. In a sweeping movement the extension's silver body now embraces the old building and grants ample space to an atrium, whose open galleries with metal covering ascend in spiral form to create an almost vertiginous upward movement. The originally mass-produced building gained such a strong personality, also encouraging identification through the local athletes' photographs, that so far any type of vandalism, which usually befalls public buildings in the estate, has not occured.

(collaborating artist: Braco Dimitrijevic)

Extension wing
L´extension

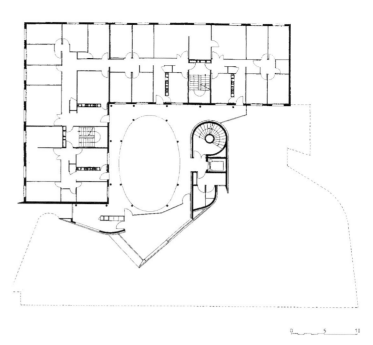

La maison des sports de Belleville, dans la banlieue de Nantes, est le résultat de la réhabilitation d'un immeuble d'habitation délabré construit dans les années soixante. Tetrarc a ici appliqué une stratégie de transmutation et de narration lucide afin de doter les Ligues et comités olympiques de la région Pays de la Loire d'un édifice exprimant de façon éloquente sa nouvelle affectation. Située dans un quartier résidentiel tranquille, la maison des sports acquiert un poids tout particulier du fait de sa nouvelle enveloppe et de l'extension «technoïde» du bâtiment d'origine. Les photos de diverses célébrités sportives locales ont été gravées sur les plaques métalliques de l'enveloppe et sur celles dressées à proximité de l'édifice. Le bâtiment des années soixante a quant à lui largement gardé sa structure d'origine, mais son extension revêtue de métal argenté en fait un véritable événement dynamique. Son vaste atrium dessert des coursives dont les suspensions métalliques en spirale créent un mouvement presque vertigineux vers le haut. Ce bâtiment à l'origine anonyme a gagné en personnalité, et les photos agrémentant la façade ont permis aux habitants de la cité de s'identifier avec les sportifs locaux, préservant ainsi l'édifice du vandalisme qui sévit de temps en temps dans les banlieues.
(En collaboration avec l'artiste Braco Dimitrijevic)

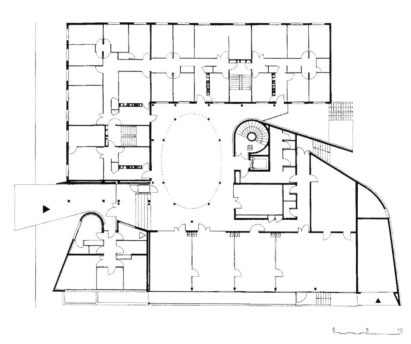

Third floor plan
Plan du troisième niveau

Upper ground floor plan
Plan du rez-de-chaussée
supérieur

Extension of the Aristide Briand School
Nantes, 1994 – 1998

Extension du Collège Aristide Briand

In the restructuring of a school that had seen many alterations in its past, the architects pursued the goal of opening the building to the exterior and fitting in the new extensions, mainly for circulation, in a marked, but also mediating way. The northern side wing was continuously extended as a passage over three stories and concluded with a street-front building along Rue Louis Blanc. The wave-like form of the access galleries originates in the trees of the school yard. As new structural elements these are open to the nearby Place de la République, leading up to the old school chapel in the increasing verticality of their facades. Facing Rue Louis Blanc, on the other hand, the sports hall was shaped as an element of decidedly freer morphology, implanted with its mighty base and slightly curved glass facade.

Chargés de restructurer un collège ayant subi de nombreuses modifications par le passé, les architectes s'efforcèrent d'ouvrir l'école sur l'extérieur et d'intégrer dans l'ensemble déjà existant des extensions à la fois remarquables et opportunes. L'aile nord fut ainsi agrandie par un bâtiment de trois étages s'inscrivant dans la continuité, conçu comme un passage et complété par une structure bordant la rue Louis-Blanc. De grandes salles épousant le contour des arbres de la cour furent ouvertes sur la place de la République, la verticalité progressive de leurs façades établissant un lien avec l'ancienne chapelle du collège. Le gymnase construit le long de la rue Louis-Blanc, par contre, fut doté d'une morphologie beaucoup plus libre, ayant pour caractéristiques principales un socle massif et une façade en verre légèrement bombée.

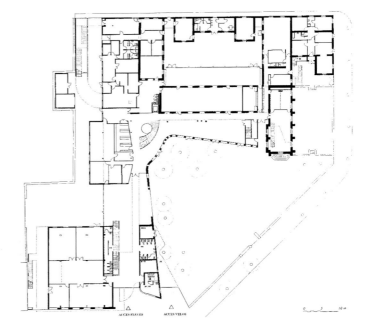

Saint-Félix Lock and
Lock Keeper's House
Nantes 1990 – 1991, 1993 – 1995

Écluse Saint-Félix et maison de l'éclusier

Watch tower of Saint-Félix lock
Le poste de commande de
l´écluse Saint-Felix

Lock keeper's house
La maison de l´éclusier

Section of lock keeper's house
Coupe sur la maison de l´éclusier

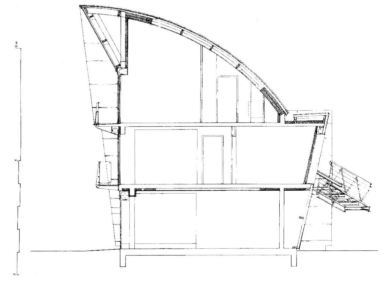

Near the centre of Nantes, the Saint-Félix lock connects the river Erdre with a side arm of the Loire. From a competition that had foreseen a new lock-building only, the architects developed a project that grew into the redesign of the entire facility. Located on a quay that has gradually lost its shipping functions, near the site of the new Palais des Congrès of Nantes, Tetrarc's conception was triggered by the memory and imagination of the earlier harbour atmosphere, transforming elements of ship and harbour architecture. To the lock towers, wrapped in a funnel-like way, they added not only a watch tower that refers back to old harbour cranes, but also a house for the lock keeper, reminiscent of ships' keels, containers and gangways. The result is an ensemble of engaging clarity and dynamic force, with a small panoptical lock keeper's house set on pilotis at its centre.

L'écluse Saint-Félix, située à Nantes près du centre-ville, relie l'Erdre à un bras secondaire de la Loire. À partir d'un concours portant sur la construction d'un poste de commande, les architectes ont développé un projet visant au réaménagement complet des installations, implantées sur un quai désaffecté situé aux environs du nouveau palais des congrès de la ville. Le projet de Tetrarc s'inspire de l'atmosphère de l'ancien port et a intégré, tout en les transformant, divers éléments de l'architecture navale et portuaire. Des tours en forme de cheminées de bateaux ont été complétées par un poste de commande évoquant les anciennes grues, et par une maison d'éclusier évoquant tout à la fois une carène, un conteneur et un débarcadère. C'est au centre de cet ensemble particulièrement bien lisible et dynamique que se dresse le petit poste de commande panoptique monté sur pilotis.

Arnod & Hérault

Practice founded in 1990 in Grenoble.
Arnod & Hérault Architectes
16, rue Thiers
F – 38000 Grenoble

Yves Arnod

Born 1956

1978   Graduated from the École Nationale Supérieure des Arts and Industries Strasbourg

1981-93 Professor at the École d'Architecture Grenoble

1986-89 Partnership with E. Chabal and G. Marty (architectural office Arnod-Chabal-Marty)

Isabel Hérault

Born 1963

1987   Graduated from the École d'Architecture de Grenoble

1988-89 Project head at Architecture Studio

Selected works

1990   Competition for the Maison du Japon, Paris, special commendation «Coup de cœur du Pavillon de l'Arsenal»

1991   Sports complex, Échirolles (Isère)

1992   Second prize in the competition for the Sciences Faculty, Orléans (Loiret)

1993   Second prize in the competition for the Maison des Sciences de l'Homme – university library for the faculty of economic science, Nantes (Loire-Alantique)

       Special commendation in the competition for the INRIA Research Centre, Montbonnot (Isère)

1994   Gymnasium and judo club, Morestel (Isère)

1994-95 Secondary school, Morestel (Isère)

1995   Information point for the Ferrand Valley, Mizoën (Isère)

1996   Lecture hall gallery for Pierre Mendès France university on the St-Martin d'Hères campus (Isère)

       Laboratories at the Centre National de la Recherche Scientifique (CNRS), Grenoble (Isère)

       Prize-winning entry for the ENSHMG extension of the St-Martin d'Hères campus (Isère)

1997   Sports facilities, Moirans (Isère)

       Primary school Lozanne (Rhônes)

       Prize-winning entry for the extension of Collège Champollion, Grenoble (Isère)

1998   Prize-winning entry for the Olympic skating rink, Grenoble (Isère)

1999   Information centre of the Lyon roads department (CRICR), Bron (Rhône)

       Multimedia library and arena complex, Meyzieu, Lyons (Rhône)

       House, Corenc (Isère)

Exhibitions

1990-92 Pavillon de l'Arsenal (Paris), presentation of the Maison du Japon project and of residential projects at la Villette and at the Amandiers ZAC

1991   IFA – Institut Français d'Architecture, Paris, 40+40 architectes de moins de 40 ans, shown at the Architecture Biennale, Venice (Italy), Düsseldorf (Germany), Houston (USA) and Kyoto (Japan)

1993   Maison de l'Architecture (Paris), exhibition of Morestel secondary school

1994   Centre National d'Art Contemporain (Grenoble), Nomad exhibition

1996   Royal Institute of British Architects (London) within the exhibition Architecture on the Horizon

Selected bibliography

Hérault Arnod Architects: Adventures into Reason, Milan: L'Arca Edizioni, 1999; Hérault Arnod Architectes: Joshua Architectura, 1998; Dictionnaire de l'architecture du XXème siècle, Paris: Hazan/IFA, 1996; Nouveaux créateurs. Regards d'école, Paris: CNAP/Atlante, Ministère de la Culture and de l'Enseignement, 1993; 40 Architectes de moins de 40 ans, Paris: IFA, 1992; Maurizio Vitta, Nomad: de l'idée à l'objet, L'Arca international 15, Jul./Aug. 1997; Walter Blanchi, Morestel, lycée polyvalent, L'Arca international 8, Dec. 1996; Architecture on the Horizon, Hérault-Arnod Architects, Architectural Design 122, July 1996; There is nothing exceptional about ordinary people, writings selected by Yves Nacher, World Architecture 42, Jan. 1996. Jean-François Pousse, Gymnase à Moirans, Techniques and Architecture 438, June 1998; Jean-François Pousse, Recherche spatiale, laboratoires du CNRS, Grenoble, Techniques and Architecture 434, Oct./Nov. 1997; Point d'information vallée du Ferrand, Mizoen, Techniques and Architecture 429, Jan. 1997; Jean-François Pousse, Gymnase à Échirolles, Techniques and Architecture 400, Feb./Mar. 1992; Françoise Arnod, Small is beautiful, d'Architecture 86, Sept. 1998; Olivier Tomasini d'Inca, Grenoble change d'ère, d'Architecture 70, Nov. 1996; Marianne Busch, Isabel Hérault and Yves Arnod: la dynamique du contexte, d'Architecture 61, Dec. 1995; F. Rambert, Magasins de Grenoble, les architectes s'installent, d'Architecture 37, July/Aug. 1993; Philippe Trétiak, Regards croisés, d'Architecture 34, April 1993; F. Lamarre, Le sport en ville, d'Architecture 25, May 1992; Marie Marques, Réglit: inventer des ambiances singulières, La passion du verre 5, March 1997.

Avant Travaux

Practice founded in 1987 in Paris.
Avant Travaux Architectes
44, rue Amelot
F – 75011 Paris
http://www.avanttravauxarchi.com

Philippe Bonneville

1961 Born in Dax

1986 Architectural degree from École Spéciale d´Architecture Paris

Laurent Gardet

1961 Born in Besançon

1986 Architectural degree from École Spéciale d´Architecture Paris

Yves Lamblin

1961 Born in Vincennes

1986 Architectural degree from École Spéciale d´Architecture Paris

Philippe Lankry

1962 Born in Vincennes

1988 Architectural degree from École Spéciale d´Architecture Paris

Florence Martin

1963 Born in Boulogne

1988 Architectural degree from École Spéciale d´Architecture Paris

1991/92 Guest lecturer at the École Speciale d´Architecture

Foundation member of the Institut Européen de Maitrise d´Ouevre

Selected works

1987 Competition de Lieux de fin de vie, Paris (prize-winning entry)

1988 Triangel de la Folie, Paris, La Défense (prize-winning entry, first round)

1989 European Patent Office, The Hague

1990 Terminal care unit, Villejuif (realized)

Sollac office building, Fos-sur-Mer (honorable mention)

C.N.P. offices, Angers

1991 Urban design competition for the centre of Nantes

Public car workshop PCC, Rennes (with Brunet & Saunier, – 1998)

1992 Mining school, Nantes (with Nouvel & Cattani)

Centre d'Archives Economiques and Financières, Savigny-le-Temple

National Institute of Applied Sciences and Technology, Tunis (with R. Skhirl)

1993 Urban design appraisal, Seine Rive Gauche, Paris (with Jean Nouvel)

Urban design competition Spree-bogen, Berlin

Exhibition park, Paris-Nord-Villepinte (prize-winning entry, with Architecture Studio)

Old people's home, La Chaise-Dieu (prize-winning entry, realized 1994)

1994 Furniture for the European Parliament, Strasbourg (realized 1999)

Psychiatric ward, Nanterrre (realized 1997)

1995 Collège 400, Torcy (prize-winning entry, realized 1997)

Sports stadium, Marseille (with Architecture Studio)

1996 Old people's home, Sable-sur-Sarthe (prize-winning entry, realized 1999)

Centre de Restauration, Colombes (prize-winning entry, realized 1999)

1997 Psychiatric ward, Douai (prize-winning entry)

Houses at 499 900 FTTC, Reflection on the individual home

Collège 600 + 100, Gagny

1998 Old people's home, Lépine Foundation, Versailles-Yvelines

Refurbishment of house «57 métal» for the firm Renault

Refurbishment of Fondation Biermans Lapôtre (– 1999)

Exhibition area, Abidjan (– 1999)

Awards

Prix de la Première Oeuvre 1990 (Terminal care unit, Villejuif); Albums de la Jeune Architecture 1990; Shortlisted for Prix de l´Équerre d´Argent 1998 (Collége, Torcy)

Selected bibliography

Domus 731, Oct. 1991; Paris d´Hospitalité (éd. Picard); Ateliers 94, Musée d´Art Moderne de la Ville de Paris 1994; 36 modèles pour une maison (éd. Péripheriques) 1998; 8 – junge französische Architektur & Willem, Galerie Aedes Berlin 1998; *AMC* 89, May 1998; 92, Oct. 1998; *Archicréé* 284; *d'Architecture* 79, Dec. 1997; 89, Dec. 1998; *Le Moniteur* 4948, 25, Sept. 1998; 4968, 12 Feb. 1999; *Technique and Architecture* 439, Aug./Sep. 1998; *Arca* 19, Dec. 1997; 23, July/Aug. 1998.

Marc Barani

Practice founded in 1989 in Nice.

Marc Barani
27 bd. Joseph Garnier
F – 06000 Nice

Marc Barani

1957	Born in Menton
1984	Architectural degree from U.P. Marseille-Luminy
1987-90	Training as scene designer, École Pilote Internationale d´Art and de recherches, Villa Arson, Nice
Since '93	Professor at the École Pilote Internationale d´Art and de recherches, Villa Arson, Nice
Since '96	Professor at the École Méditerranéene des jardins and du paysage, Grasse
Since '97	Professor at the École d´Architecture Marseille-Luminy
	Professor at the École Nationale Supérieure de Création Industrielle Paris

Selected works

1989	Conservation study for the city of Kirtipur, Nepal
1990	Extension of Saint-Pancrace cemetery, Roquebrune-Cap Martin (realized 1992)
1993	Redevelopment design for Place Aubanel, Cannet
1994	Restoration of Le Corbusier's cabin, Roquebrune-Cap Martin
1994	Multi-purpose hall, La Gaude (realized 1996)
1995	Sewage treatment plant, Roquebrune-Cap Martin
1996	Practical art center and studios, Mouans-Sartoux (realized 1998)
	Extension of Crestet Art Centre (under construction)
	Atelier Grégoire Gardette Editions, Nice (realized)
	Lodève – Urban and landscaping design for motorway A75
1997	Montpellier – study for motorway A9 / A 700
	Redevelopment of seafront Saint-Denis, La Réunion
	Cemetery landscaping, Valbonne (under construction)
1998	Competition for the extension of the San Michele cemetery in Isola, Venice, Italy
	Competition for town hall Valbonne
	Competition for town hall complex of Saint Jacques de la Lande (prize-winning entry)

Awards

Prize of Conseil Régional P.A.C.A. for architectural studies in Nepal 1984; Prize «Art and Architecture» of the Conseil Général des Alpes-Maritimes 1990; Trophée d´architecture of the C.A.U.E. des Alpes-Maritimes 1992; Shortlisted for Premio Internazionale di Architettura Andrea Palladio 1993; Nomination for Prix de la Première Oeuvre 1993

Selected bibliography

Architecture, milieu and société en Himalaya, Edition du CNRS, Meudon-Belleville 1987; *Techniques et Architecture* 405, Jan.1993; *a+u*, 319; *Bauwelt* 33, Aug. 1993; *Electa* Sept.1993; *Insite Architecture and Design*, IV/Sept. 1994; *Abitare*, Sept. 1996; *a+u*, 405; *Le Moniteur AMC* 74, Oct. 1996; *Urbanism Architectural Design*, Barcelone Oct.1997; *Bauwelt* 22, June 1998; *Le Moniteur AMC* 91, Sept.1998.

Laurent + Emmanuelle Beaudouin

Practice founded in 1988 in Nancy.

Laurent + Emmanuelle Beaudouin
3, rue de la Monnaie
F – 54000 Nancy

Laurent Beaudouin

1955 Born in Nancy

1983 Grant from Villa Médicis Hors les Murs, Cooper Union, New York

1984-86 Assistant of Christian de Portzamparc and professor at the École d'Architecture, Paris-La Défense

1986 Professor at the École d'Architecture Paris-Belleville, member of the UNO group

Emmanuelle Beaudouin

1966 Born in Nanterre

Since '88 Partnership with Laurent Beaudouin

Selected works

1982 Residential complex Les Tiercelins, Nancy (Meurthe-et-Moselle) together with Christine Rousselot and Jean-Marie Roussel, sculptor Yoshi Okuda

1986 Goldenberg House, Nancy

1989-91 Refurbishment and extension of Vittel Thermal Baths with Marie-Hélène Contal

1991 School of management, Nancy with S. Giacomazzi, C. Rousselot, J.L. André, C. Prouvé, sculptor Yoshi Okuda (competition 1988)

1992 Urban plan, Montreuil (Seine-St-Denis) with Alvaro Siza

1993 Town hall and square, Bousse (Moselle) with S. Giacomazzi and M. Busato, landscaping A. Peter, sculptor Yoshi Okuda (competition 1989)

1996 François Mitterand Médiathèque, Poitiers with S. Giacomazzi and H. Beaudouin

Cauchois House, Nancy

1997 University library, Campus de la Bouloie, Besançon (Doubs) with M. Busato (competition 1993)

École Nationale du Génie des Systèmes Industriels, Nancy (competition 1995) with P. Maurand, L. Colim, D. Henriet

Refurbishment of Parc des Expositions, Nancy-Vandœuvre (competition 1995) with P. Maurand, L. Colim, D. Henriet

1998 University library, Le Mans (competition 1996)

1999 Museum of Fine Arts, Nancy (competition 1990) with J.L. André, E. André and S. Giacomazzi

Refurbishment of Museum André Malraux, Le Havre (Seine-Maritime) with S. Barclay and J.P. Crousse (competition 1995)

University library, Belfort (competition 1996)

2001 Matisse Museum, Le Cateau-Cambrésis (competition 1997)

Awards and exhibitions

1978 Award-winner PAN 10 – Programme Architecture Nouvelle with Christine Rousselot and Marie-Hélène Contal

1980 Award-winner Albums de la Jeune Architecture

1985 IFA – Institut Français d'Architecture, Paris, Nouvelles directions de l'Architecture Moderne France-USA, shown also in São Paulo

1989 Villa Medicis, Académie de France in Rome, Lieux d'architecture européenne, also shown in Lisbon and Paris

1991 IFA – Institut Français d'Architecture, Paris, 40+40 architectes de moins de 40 ans, shown at the Architecture Biennale, Venice (Italy), Düsseldorf (Germany), Houston (USA) and Kyoto (Japan)

1991 Nomination for the Prix de l'Équerre d'Argent for the Vittel Thermal Baths

1992 Nomination for the Mies van der Rohe Prize for European Architecture – Barcelona for the Administration building, Nancy

1994 Nomination for the Mies van der Rohe Prize for European Architecture – Barcelona for the Bousse town hall

1993 Le Moniteur Prize for Urban Design for the urban plan in Montreuil (Seine-St-Denis)

Selected bibliography

Architectura a Vittel e Nancy, Casabella 590, 1992; Laurent-Emmanuelle Beaudouin, A+K 267, 1992; Laurent Beaudouin & Emmanuelle Beaudouin, *SPACE Arts & Architecture: Environment (Korea)* 352, Special issue, 1997; Laurent Beaudouin/Emmanuelle Beaudouin, *A + U Architecture and Urbanism* (Japan) 330, Special issue, 1998; E. & L. Beaudouin, 1986-1998, Context 3 (Korea), 1998.

Publications by Laurent Beaudouin

Entretien avec Alvaro Siza, *A.M.C.* 44; Architectures au Tessin, *A.M.C.* 45, 1978; Alvaro Siza, projets et réalisations 1970-80, *L'Architecture d'Aujourd'hui* 211, Special issue, 1980; Jean Prouvé 1901-1984, histoire d'une maison. Le dernier entretien avec Jean Prouvé, *A.M.C.* 4, 1984; Tadao Ando, réalisations récentes. Éloge de l'ombre, *A.M.C.* 8, 1985; Francesco Venezia. Casa L. Le musée et le jardin de Gibellina, *A.M.C.* 13, 1986; Mathias Goeritz. Le Musée expérimental El Eco, Mexico, *A.M.C.* 16, 1987; Alvaro Siza, *L'Architecture d'Aujourd'hui* 278, Special issue, 1991; Henri Ciriani: l'espace continu, *L'Architecture d'Aujourd'hui* 282, 1992; Alvaro Siza. Centre galicien d'Art contemporain, *L'Architecture d'Aujourd'hui* 292, 1994; Henri Ciriani. Il museo archeologico di Arles, *Casabella* 618, 1994.

Pierre du Besset & Dominique Lyon

Practice founded in 1986.

Pierre du Besset &
Dominique Lyon Architectes
77, rue de Charonne
F – 75011 Paris

Pierre du Besset

1949   Born in Paris

Dominique Lyon

1954   Born in Paris

1995   Professor at Hochschule der Künste Wien

1998   Professor at École Spéciale d'Architecture Paris

1999   Professor at Columbia University New York

Selected works

1987   Maison de la Villette, commendation for the Le Moniteur Prix de la Première Oeuvre 1988, Parc de la Villette, Paris (19th arr.)

1989   Refurbishment of offices for «L'Expansion» magazine, Le Ponant building, Paris (15th arr.)

1990   Headquarters for «Le Monde», Paris (15th arr.)

1994   Médiathèque, Orléans (Loiret)

1996   Urban study for Pasteur quarter, Tremblay-en-France at Roissy airport (Seine-St-Denis)

1999   «Les Tilleuls» housing block, Gagny (Seine-St-Denis)

    Refurbishment of a water tower, Grand Quevilly (Seine-Maritime)

    Four apartments, Tremblay-les-Gonesses

    Library, Lisieux (Calvados)

    Sewage treatment plant, Grand Caen (Calvados)

    Library, Rungis (Essonne)

    Library, Troyes (Aube)

Exhibitions

1991   IFA – Institut Français d'Architecture, Paris, 40+40 architectes de moins de 40 ans, shown at the Architecture Biennale, Venice (Italy), Düsseldorf (Germany), Houston (USA) and Kyoto (Japan)

1994   IFA – Institut Français d'Architecture (Paris), Point de vue/usage du monde

1996   Galerie Arc en Rêve, Bordeaux, 10 critiques, 10 bâtiments, 10 architectes

1998   Biennale Buenos Aires

    Guggenheim Museum, New York, Premises exhibition

1999   Orléans, Archilab.

Selected bibliography

L'Architecture d'Aujourd'hui 268, April 1990; *L'Architecture d'Aujourd'hui* 294, Sept. 1994; *L'Arca* 54, Nov. 1991; *L'Arca* 88, Dec. 1994; *A + U* 267, Dec. 1992 (Japan); *Casabella* 660, Oct. 1998; «Premises» Exhibition catalogue, Guggenheim Museum, New York, 1998; «Biennale Buenos Aires» Exhibition catalogue, 1998

Publications by Dominique Lyon

Point de vue and usage du monde, Paris: Édition Carte Segrete, 1994; *Accents Parisiens*, Paris: Éditions du Pavillon de l'Arsenal (coll. «les mini-PA» No. 13), 1996; *Les avatars de l'architecture ordinaire*, Paris: Sens & Tonka, 1997; *Le Corbusier vivant*, Paris: Telleri, 1999.

Frédéric Borel

Practice founded in 1985.

Frédéric Borel
17, rue Malebranche
F – 75005 Paris

Frédéric Borel

1959   Born in Roanne (Loire)
1982   Graduated from the École Spéciale d'Architecture

Selected works

1989   Housing block, 100 boulevard de Belleville, Paris (20th arr.)

        Housing block, 30 rue Ramponeau, Paris (20th arr.)

1992   Central library, Annecy-Metz Tessy (Haute-Savoie) (competition 1987)

1993   Housing block and post office, 113 rue Oberkampf, Paris (11th arr.)

        Theatre and cultural centre, Albi (competition, prize-winning entry)

        Urban design competition Spreeinsel, Berlin

1994   Theatre and music conservatory, Dreux (competition)

        Theatre, Frankfurt an der Oder, Germany (competition)

        Viaduct, Ventabren, TGV Méditérranée (competition)

1996   Val Maubuée secondary school, Lognes (competition, prize-winning entry)

        Moskowa school, Paris (18th arr.) (competition, prize-winning entry)

1997   Urban plan for Brauerei Ottakring, Vienna (competition, prize-winning entry)

1998   Science Faculty, Agen (competition 1997)

1999   Day nursery Valmy-Récollet, Paris (10th arr.)

        Tax office, Brive-la-Gaillarde (competition 1993)

        Housing block, rue Pelleport, Paris (20th arr.)

        Court law building, Narbonne (competition 1996)

Awards and exhibitions

1984   Award-winner PAN 13 – Programme Architecture Nouvelle, Construire la banlieue: Le déplacement comme élément constitutif de l'espace.

1984   Award-winner Albums de la Jeune Architecture.

1985   Award-winner Villa Médicis Hors les Murs

1990   Commendation for the Le Moniteur prize

        Galerie Arc en Rêve (Bordeaux), Ouverture, 10 architectes européens

1991   IFA – Institut Français d'Architecture, Paris, 40+40 architectes de moins de 40 ans, shown at the Architecture Biennale, Venice (Italy), Düsseldorf (Germany), Houston (USA) and Kyoto (Japan)

1992   Mies van der Rohe Foundation, Barcelona, European Projects

1995   Euro-Belgian Architectural Award

        Shinghua University A3, Bejing, Contemporary Architecture

        Hong Kong, French Architecture

1996   Architecture Biennale, Venice

        Bellas Artes Mexico City

1997   Galerie Arc en Rêve (Bordeaux), Bloc

        CCI Musée d'Art moderne Beaubourg, Paris, New acquisitions

        GA Gallery Tokyo

        Athens, La ville en éclat

        São Paulo Biennale, exhibition of Institut Français d'Architecture

1998   Buenos Aires Biennal, Architectures en France à l'aube du XXIè siècle

        Guggenheim Museum, New York, Premises exhibition

Selected bibliography

Frédéric Borel, 100 boulevard de Belleville, Paris: Les Éditions du Demi-Cercle 1990; Frédéric Borel, Paris, 113 rue Oberkampf, Paris: Les Éditions du Demi-Cercle 1994; Frédéric Borel, Paris, 113 rue Oberkampf, Münich: Prestel Verlag 1995; 113 rue Oberkampf, *Deutsche Bauzeitung*, 1994; *Bauwelt*, 113 rue Oberkampf, Feb. 1994; 113 rue Oberkampf, *Architektur Aktuell*, June 1994; 113 rue Oberkampf, *DBZ Deutsche Bauzeitschrift*, July 1994; 113 rue Oberkampf, *GA Global Architecture* (Japan), July 1994; Rue Pelleport, rue des Pavillons, *GA Global Architecture* (Japan), March 1995; 113 rue Oberkampf, *AD Architectural Design*, Sept. 1995; *Architects in the world* (Japan) 581, 1995; 113 rue Oberkampf, *Architectural Culture* (Korea), 1995; 113 rue Oberkampf, *Nikei* (Japan), Sept. 1995; Portrait, *Architectural Culture* (Korea), March 1996.

Brochet-Lajus-Pueyo

Practice founded in 1985 in Bordeaux.

Brochet-Lajus-Pueyo
26, Quai de Bacalan
F – 33300 Bordeaux

Olivier Brochet

1956   Born in Bordeaux

1988   Graduated from Unité pédagogique d'architecture de Bordeaux

Since '87 Professor at UP Bordeaux

Since '97 Architectural consultant for the Ministry of National Infrastructures

Emmanuel Lajus

1957   Born in Paris

1984   Graduated from UP Bordeaux

1982-83 Technical consultant at the Institute for Public Works, Algiers

1984-88 Worked for the Vienne regional facilities office, Poitiers

Christine Pueyo

1958   Born in Bayonne

1984   Graduated from UP Bordeaux

1984-85 Worked for Architecture Studio

Selected works

1985   Competition for the refurbishment of Château du Bois de Rivière, Bordeaux

1986   Competition for the refurbishment of the School of Architecture, Bordeaux

Competition for the extension of IRCAM, Paris (prize-winning entry)

1987   Competition for the refurbishment of Renaulac factory, Bègles (–1988)

1988   Competition for the National Dramatic Centre Bordeaux, Théâtre du Port de la Lune (–1990)

1989   Scenography for Château Otard, Cognac

Cultural centre, Saint-Médard en Jalles (–1991)

Raoux House, Arcachon

1990   L'Alhambra housing block (120 apartments), Bordeaux

Ecological museum Marquèze, Sabres (–1991)

Competition for École Nationale Supérieure de Mécanique, Poitiers (prize-winning entry)

1991   Winery, Chateau Leoville Poyferre, Saint-Julien en Médoc

Old people's home Fontaudin, Pessac (realized)

Urban design competition for the centre of Bruges, Gironde (prize-winning entry)

1992   Competition for chemical laboratory, CNRS, Bordeaux (–1995)

Competition for the Regional Chamber of Comptes Aquitaine, Bordeaux (–1993)

1993   Bruges town hall, Gironde (realized)

Competition for the extension of the law school at Bordeaux University (–1996)

Competition for Max Linder secondary school, Libourne (–1996)

1994   Winery, Chateau Clos de Leglise, Lalande de Pomerol

Competition for Tissot swimming pool, Bordeaux (–1997)

Competition for refurbishment of Marché des Capucins, Bordeaux

Direction Regionale des Affaires Culturelles d'Aquitaine, Bordeaux (–1997)

1995   Refurbishment of 350 apartments Cite Yser, Mérignac (realized)

1996   Magendie secondary school, Bordeaux (–1998)

Competition for the residence of the French ambassador, Moroni/Comoro Islands (prize-winning entry)

1997   Competition for the refurbishment of Mimizan Theatre

Competition for library and média-thèque, Pessac

Competition for Regional Administration and Analytical Laboratory, Cahors (prize-winning entry)

Private house, Bouscat (–1998)

18 apartments PLI, Résidence Yser, Mérignac (under construction)

1998   Médiathèque, Narbonne

Urban design for tramway network, Bordeaux

Musée de l'Orangerie, Paris

Bernard d'Agesci Museum, Niort

Public Health Institute for Epidemiology and Development, Bordeaux

General Treasury of Haute-Vienne, Limoges

Refurbishment of tax office, Archachon

Refurbishment of École Nationale de la Magistrature, Bordeaux

Awards

Jacques Dwelles Prize 1983; Award-winner Albums de la Jeune Architecture 1987; Cogedim Prix de la Première Oeuvre for 20 apartments, Paris 1990; Commendation for Prix architecture publique 1991 for Direction Regionale des Affaires Culturelles d'Aquitaine; La Médaille d'argent, Prix Delarue de L'Academie d'Architecture 1997 for œuvre; Le Gypse d'Or for Direction Regionale des Affaires Culturelles d'Aquitaine; Nomination for Prix de l'Équerre d'Argent 1998 for Magendie secondary school

Selected bibliography

Technique et Architecture 392, 1990; *Actualitè de La Scenographie* 46, 1990; «40 Architectes de moins de 40 ans», IFA and Editions du Moniteur, Paris 1991; *Crée* 242, 1991; 4 de Bordeaux, Exhibition catalogue, Bordeaux 1991; *Technique et Architecture* 404, 1992; *Le Moniteur Hebdo* 4608, 1992; *Technique et Architecture* 410/1993, 416/1994, 418/1995; *d'Architecture* 52, 1995; *L'Empreinte* 30, 1996; *Aquitaine éco* 96, 1996; *AMC* 68/1996, 71/1996; *Les cahiers techniques du batiment* 169, 1996; *Technique et Architecture* 438, 1998; *Interni* 483, 1998; *d'Architecture* 86, 1998; *AMC* 94, 1998; *Crée* 283, 1998; *L'Empreinte* 43, 1999

Manuelle Gautrand

Practice founded in 1991 in Lyons and based in Paris since 1993.

Manuelle Gautrand & Associes
Architecture – Urbanisme
2, rue de la Roquette
F – 75011 Paris

http://www.manuelle-gautrand.com

Manuelle Gautrand

1961	Born in Marseilles
1985	Graduated from École d´Architecture de Montpellier
1986	Worked for several architectural offices in Paris, including A. Fainsilber and C. Vasconi
1987-90	Worked for Architecture Studio, Paris, as project manager
Since '93	Urban and architectural consultant for the University of Grenoble
Since '99	Architectural consultant for the Quality of Public Construction in the French government

Marc Blaising

1961	Born in Strasbourg
1986	Postgraduate degree (DESS) from Institut d´Administration des Entreprises
1986-88	Project and organisational manager for Renault Credit International
1989-90	Senior consultant with Ernst & Young Conseil

Selected works

1991	Construction of two metro stations, Val de Rennes (prize-winning entry, – 2000)
1992	Construction of «Fellini» cinema complex , Villefontaine (prize-winning entry, realized 1994)
	Construction of a pedestrian bridge, Lyons (prize-winning entry, realized 1993)
	Masterplan for Mions-Corbas council
1993	Refurbishment of a classroom and research building for information sciences department at Lyon University 1 (prize-winning entry, realized 1995)
	School for 850 pupils, Ecully (– 1996)
1994	University Buisness Institute, Annecy (prize-winning entry, realized 1996)
	Faculty of Economics, Annecy (prize-winning entry, – 1995)
	Maintenance Building (prize-winning entry, – 1996)
	Theatre of Béthune (prize-winning entry, – 1999)
1995	Cultural complex with theatre and three cinemas, St. Louis (prize-winning entry, – 2000)
1996	Five tollbooth stations for motorway A 16, Amiens-Boulogne (– 1999)
	Refurbishment of «Cine 89» cinema, St. Priest
	Institut Universitaire Professionalise, Melun-Senart (prize-winning entry, – 1999)
1997	Construction of a river dam on the Saône, Fontaine (– 1997)
	Construction of a port storehouse, Gennevilliers (prize-winning entry, under construction)
1998	Cinema Multisalles, Antony (prize-winning entry, – 2001)
	Maintenance building at Nantes airport (realized, – 1998)
	Cultural centre, Gran-Gevrier (prize-winning entry)

Awards

Albums de la Jeune Architecture 1992; Nomination for Le Moniteur Prix de la Première Oeuvre 1993; Nomination for Bénédictus Award 1999

Selected bibliography

AMC Le Moniteur 10, 92; *d'Architecture* 10, 1992; *AMC Le Moniteur* 5, 94; *Architecture-Crée* 7, 1994; *Technique et Architecture* 12, 1996; *AMC Le Moniteur* 2, 97; *L´Arca International* 2, 1997; *Architecture d´Aujourd´hui* 5, 1997; *AMC Le Moniteur* 6, 97; *Archi-Crée* 11, 1997; *De Architect* 11, 1998; *Kenchuki-Bunka* 3, 1998; *L´Arca International* 4, 1998; *AMC Le Moniteur* 6, 97; *Architecture d´Aujourd´hui* 10, 1998; *Le Moniteur* 10, 1998; *Archi-Crée* 12, 1998; *L'Arca* 6, 1999; *Architecture-Crée* 6, 1999; *Quaderns* 7, 1999.

LAB FAC –
Finn Geipel Nicolas Michelin

Practice founded in 1985 in Stuttgart and based in Paris since 1987.

LAB FAC – Finn Geipel Nicolas Michelin
9, cour des Petites-Écuries
F – 75010 Paris

Finn Geipel

1958   Born in Stuttgart

1985   Set up LabFac with Bernd Hoge and Jochen Hunger

1987   Graduated from the Polytechnical School Stuttgart (architectural-engineering degree)

1988   Partnership with Nicolas Michelin

1996   Visiting professor at École spéciale d´architecture, Paris

Since '97 Associated professor at École d´architecture, Paris-la-Seine

Since '98 Professor at Technical University Berlin

Nicolas Michelin

1955   Born in Paris

1980   Graduated in mathematics and physics at Paris University 6 and architecture at École Paris Conflans

1980-87 Partnership with Christophe Lyon

1988   Partnership with Finn Geipel

Since '93 Director of Centre d´Art Contemporain, Rueil-Malmaison

Councillor of the Ministry of Culture for Public Buildings

Selected works

1988   Competition Le Monument de la Communication, Symbole France Japon (prize-winning entry, first round)

Urban design for New Gardens of Birmingham (prize-winning entry, first round)

Weather roof for Nîmes arenas (–1989)

1989   Colour-light space, Paris (realized)

Competition Documenta Exhibition Hall, Kassel (special commendation by the jury)

1990   Cinénomade Study, Cannes

Urban design for Nîmes arenas (–1992)

Waterwing, study for a residential satellite on the water

École Nationale d´Arts Décoratifs, Limoges (–1994)

Christian Hell Acoustics, Gometzla Ville (realized)

1991   Quimper theatre (–1996)

Rock concert hall, Tours (–1999)

Europan Dunkirk, Refurbishment of a port quarter (prize-winning entry)

Competition for a research and technology centre, Villenneuve d´Ascq

1992   Competition for a cultural centre and theatre, Albi

Urban design competition Heinrich-Heine-Strasse, Berlin

1994   Competition for a temporary structure for Grand Palais, Quai Branly, Paris

Competition for the refurbishment of a low-cost housing estate, Sarcelles

1995   Apartment and studio for Enad Craft, Limoges (–1997)

Competition Métafort, Aubervilliers (prize-winning entry)

Achillon coastal platform, Thessaloniki

Refurbishment of École d´Architecture Paris la Seine (–1996)

Car park (450 places), Quimper (–1997)

Competition for central services of the Ministry of Culture

1996   Temporary structure for École d´Architecture Paris la Seine (realized)

Competition for a weather roof above Molitor swimming pool, Paris

1997   Competition for École d´Architecture Compiègne

Competition for Médiathèque, Lanester

Competition for the French Embassy, Berlin

Cultural, communal and tourist space, Montpeyroux, Puy de Dome (prize-winning entry)

Multiplex cinema and car park, Mantes-la-Jolie, Yvelines (prize-winning entry)

1998   Urban design competition Munich West

Unterground car park, Mantes-la-Jolie, Yvelines (prize-winning entry)

Facade restoration of Printemps department store Brummell Haussman, Paris (prize-winning entry)

Extension and renovation of Dunkirk town hall, (prize-winning entry)

Design competition for wet dock, Bordeaux

Selected bibliography

Detail 6, 1994; *Technique et Architecture* 411, 1994; *d´Architectures* 43/1994, 51/1994; *Deutsche Bauzeitung* 10, 1994; *Technique et Architecture* 417, 1995; *World Architecture* 36, 1995; *Bauwelt* 14 Apr. 1995; *Archis*, April 1995; *Technique et Architecture* 423/1996, 425/1996; *Archi-Crée* 272, 1996; *L´Arca International* 6, 1996; *Archis* Feb. 1996; Centrum Jahrbuch, Berlin 1996; *Das Bauzentrum* 3, 1997; *DBZ* 7, 1997; *Technique et Architecture* 433, 1997; *L´Arca International* 17, 1997; *Quaderns* 216, 1997; *AMC* 84, 1997; *Faces* 42/43, 1997; *A+T* 11, 1998; *Technique et Architecture* 440, 1998; Jac Fol, «LABFAC, Finn Geipel, Nicolas Michelin», Centre Pompidou, Paris 1998.

Publications LAB FAC

«Le Monument du Spectacle», Nîmes 1988; «Au-delà de l´Arche de Noé», *Technique and Architecture,* Apr. 1993; «Kunstschule in Limoges», *Arch+,* 125, 1995; «Stufen des Unfertigen», *Werk, Bauen + Wohnen,* June 1995; «Métafort», *Arch+* 127, 1995; «Ambiances and structures diatopes», *Cahiers de la Recherche Architecturales,* Paris 1998.

Florence Lipsky + Pascal Rollet

Practice founded in 1990.
Lipsky-Rollet Architectes
18, rue de la Perle
F – 75003 Paris
http://www.lipsky-rollet.com

Florence Lipsky

1960	Born in Marseilles
1983	Took part in ILAUD (International Laboratory of Architecture and Urban Design) with Giancarlo de Carlo at Sienna
1985	Graduated from the École d'Architecture de Grenoble (DPLG)
1986-88	Worked for Éditions Parenthèses
1988	Lavoisier Grant for research on the city of San Francisco at University of California in Berkeley
	Award-winner of «Villa Médicis Hors les Murs» for an urban analysis on American campuses
1988-90	Visiting Researcher at University of California at Berkeley
1989	Professor at California College of Arts and Crafts, San Francisco
1990-94	Visiting at École d'Architecture Grenoble
1992	Postgraduate degree (DEA) from École d'Architecture Paris-Belleville/Paris University VIII
1997-99	Assistant professor at École d'Architecture de Normandie

Pascal Rollet

1960	Born in Grenoble
1985	Graduated from the École d'Architecture de Grenoble (DPLG)
1985-87	Project manager for Jourda and Perraudin for the building of l'École d'Architecture de Lyon
Since '85	Worked with «CRATerre» team on architectural projects in African countries (Mayotte, Burkina Faso, Cameroun)
1988	Winner of Richard Lounsbery Grant and Académie d'Architecture
1989	Master of Architecture from University of California at Berkeley

1989-90	Professor at University of California in Berkeley
1989	Worked for Stanley Saitowitz, San Francisco
1989-90	Worked for Lars Lerup, Berkeley
Since '91	Assistant professor at École d'Architecture, Grenoble
1999	Visiting at École des arts décoratifs Paris

Selected works

1995	Rhône Alpes Human Sciences Centre, University Campus Grenoble (Isère)
1996	Montpellier Languedoc-Roussillon National choreographic centre (Hérault)
1997	E.S.I.S.A.R. – École Supérieure d'Ingénieurs en Systèmes Industriels Avancés Rhône-Alpes, Valence (Drôme)
	Restructuration and extension of S.I.E.G.L. industrial site – Société d'Impression des Étoffes du Grand Lemps (Isère)
1998	Restructuration and extension of Court of Justice Roanne (Loire)
	Artists' studios, San Francisco
1999	Les Grands Ateliers, L'Ile d'Abeau, Villefontaine (Isère)

Awards and exhibitions

1988	Exhibition at CCI, Centre Georges Pompidou, within the Châteaux-Bordeaux exhibition, European architectural competition for a winery in the Bordeaux region
1991	Award-winner PAN Université, exhibition at Chapelle de la Sorbonne, Paris
1991-92	IFA – Institut Français d'Architecture, Paris, 40+40 architectes de moins de 40 ans, shown at the Architecture Biennale, Venice (Italy), Düsseldorf (Germany), Houston (USA) and Kyoto (Japan)

1992	Award-winner for Albums de la Jeune Architecture, Ministry of National Infrastructures, exhibition at the Maison de l'Architecture, Paris
1995	Le Moniteur Prix de la Première Oeuvre for Rhône Alpes Human Sciences Centre, Grenoble Campus, St-Martin d'Hères
1998	Finalist Dupont Benedictus Award, – ESISAR –

Selected bibliography

Habiter 88, projet de la Maison du Futur Grande Halle de la Villette, Jardin des Modes, avril 1988. Château Lipsky, projet Defos du Rau, Lipsky, Rollet, Catalogue de l'exposition Château Bordeaux, Paris: Centre Georges Pompidou / CCI, 1988. 40 Architectes de moins de 40 ans. Paris: IFA, 1991. Albums de la Jeune Architecture 1992. Paris: Ministère de l'Équipement, du Logement et des Transports, 1992. BÉDARIDA, HODDÉ. L'Université et la Ville. Le PAN Université, lecture d'un concours d'idées. Bruxelles: Mardaga; 1994. Palmarès symbolique, Prix de la première Œuvre, Moniteur, 13 octobre 1995. Une année d'architecture: Maison Rhône Alpes des Sciences de l'Homme à Grenoble, AMC N°67, 1996. Montpellier, la machine à danser, d'Architecture N°65, mai-juin 1996. Walter BIANCHI, La France: la Maison des Sciences de l'Homme, L'Arca International N°2, 1996. Centre Chorégraphique National de Montpellier, AMC N°85, décembre 1997. Centre Chorégraphique de Montpellier, Techniques et Architectures N°434, octobre-novembre 1997. Evènements: Les Grands Ateliers de l'Isle d'Abeau, les journées d'automne, Techniques et Architectures N°435, janvier 1998. Cyrille SIMONET, L'usuel devant le visuel, FACES 42/43, automne hiver 1997-98. École d'ingénieurs à Valence, AMC N°89, mai 1998. Zentrum für Choregraphie und Tanz in Montpellier, Frankreich, DÉTAIL, juin 1998. Florence LIPSKY, San Francisco, la grille sur les collines (français-anglais), Paris: Éditions Parenthèses, 1999.

R, DSV & Sie.P

Roche, DSV & Sie.P
45, rue de Belleville
F – 75019 Paris

François Roche

1961	Born in Paris
1987	Graduated from the École d'Architecture Versailles
1989	Award winner – Albums de la Jeune Architecture
1991	Exhibition IFA – Institut Français d'Architecture, Paris, 40+40 architectes de moins de 40 ans
1993	Exhibition IFA. Action Roche, François, Lewis, Huber, Roubeaud, Perrin
1994	Award winner for «Villa Médicis Hors les Murs»
	Visiting professor in France and abroad.

Gilles Desèvedavy

1963	Born in Bayonne
1986-92	Worked as project manager for Francis Soler
1988	Grant from Mission Interministérielle pour la Qualité des Constructions Publiques – MIQCP
1993	Graduated from the École d'Architecture de Paris-Villemin
1994	Awarded Electra Grant

Stéphanie Lavaux

1966	Born in Saint-Denis de la Réunion
1990	Graduated from the Beaux-Arts de Paris

François Perrin

1968	Born in Paris
1993	Graduated from the École d'Architecture de Paris-La Seine
1998	Awarded Electra Grant

Selected works

1991	Urban design for seafront, Trébeurden (Côtes-d'Armor)
	Competition for Maison du Japon, Paris
	Art school in Le Fresnoy – Tourcoing
1992	Urban design competition Spreebogen, Berlin
	Youville square, Montréal (Québec-Canada)
	Refurbishment of San Francisco bay along 7 km of waterfront
	Refurbishment of Magasins Généraux on Ourcq canal, Paris
	Refurbishment of Deligny swimming pool, Paris
	30 experimental apartments, Sarcelles (Seine-St-Denis)
	Private house, Compiègne (Val d'Oise)
	Interior design for AFAA, Paris
	Leccia House, Cap Corse
1997	Villa Médicis de l'Océan Indien, La Réunion
	Fishing port, Sainte-Rose, La Réunion
	Ti-Jean Garden, La Réunion
	Urban design for Baïse river, Vianne (Lot-et-Garonne)
1998	Competition for school of architecture Venice, with Ammar Eloueini
	Soweto Memorial Museum, Johannesburg, with Gilles Clément
	Scenography La beauté pour l'an 2000, Avignon
	Renovation of Belleville Tube station, Paris, with Purple Rose
1999	Virtual design for public information library, Beaubourg – Centre Georges Pompidou, for the October 2000 reopening, with ZA Production
	House of Ami Barrak, Montpellier

Exhibitions

1992-96	Selected for the Biennale in Venice
1993	Unité d'habitation de Le Corbusier Firminy, Paysage n° 1
	SCI ARC, Los Angeles, International Exhibition and Sale
1994	Musée d'Art Moderne de la Ville de Paris, L'hiver de l'Amour, Paysage n° 2
	P.S.1. New York, Paysage n° 3
	Tekne & Metis, Athènes, Defense
1996	Le Magasin, Grenoble, Paysage n° 5
	Mostra d'Architecture Venice, Pavillon Français, Le monolithe fracturé, three selected projects
	Grande Halle de la Villette, Paris, Villette-Amazone
1997	Collection du FRAC Centre, Orléans
	Kunstersenter, Trondheim (Norway), Shelter
	Art en Thèse, Montpellier, Sous le soleil exactement
	Arc en Rêve, Bordeaux, 36 modèles pour une maison
1998	École des Beaux-Arts, Nîmes, Urbanismes
	45 rue de Belleville, Paris, Paysage Sud
	Galerie Aedes, Berlin and Rotterdam, Transarchitecture 03
	La Table, Galerie Air de Paris, Paris, Acqua Alta
	Collection du FRAC Centre, Orléans, Mutations@morphes
	Propos Mobiles, Paris, It seems like
1999	Centre d'Art and d'Architecture, Espace croisé, Lille
	Archilab, Orléans

Selected bibliography

1989: Album de la Jeune Architecture, Paris: Ministère de la Construction et du Logement.1995: L'Ombre du Caméléon, Paris: IFA/KAREDAS. 1997: Paysage Sud, La Réunion: Éd. FRAC Réunion. 1998: Quelques nouvelles du front (Coll. MiniPA), Paris: Pavilon de l'Arsenal. 1999 Mutations@morphes (2 volumes), Éd. FRAC Centre/Espace Croisée. HYX/New-territories, Genetic Éd.

Publications 1998/99

Beaux Arts (N° 178), *Vous avez dit patrimoine ?*
Purple Prose (N° 2), *Acqua Alta*
Quaderns (N° 217), *Situation.*
Quaderns (N° 220), *Topographies opératives.*
Parpaing (N° 1), *Mutations génétiques.*

atelier seraji

Practice founded in 1985 in London,
based in Paris since 1990.

atelier seraji
11, rue des Arquebusiers
F – 75003 Paris

Nasrine Seraji-Bozorgzad

1957   Born in Teheran, Iran

1983   Graduated from the Architectural Association, London

1985   Registered architect in Great Britain, Royal Institute of British Architects

1990   Set up Atelier Seraji in Paris, France
        Registered architect in France

1993-98 Diploma Unit Master at Architectural Association, London

1995   Visiting Professor at École Spéciale d'Architecture Paris

Since '96 Visiting Professor at Princeton University School of Architecture

Since '96 Professor and Director of the Meisterschulen für Architektur of Akademie der Bildenden Künste Vienna

Selected works

1989   «Inventer 89» International Ideas, Competition Paris

1990   Apartment renovation rue Cujas, Paris (completed)

1991   Temporary American Center, Paris (prize-winning entry, completed)

1992   Foyer Competition Water Street, Birmingham

1993   Urban design competition Spreebogen, Berlin
        Jardin des Tuileries Competition, Paris

1994   Rehabilitation of Fifty Housing Units Competition, Sarcelles (1st prize, completed 1997)

1995   New Philharmonic Hall Competition Bremen (2nd prize)
        Masterplan for Briey-en-Forêt (completed)
        Winkelmann House, Fauquier County, Virginia, USA

1996-98 Caverne du Dragon, Chemin des Dames, Aisne
        Renovation of apartments, Rue du Sentier, Paris (completed)
        Day Nursery Competition, rue Jean Fautrier, Paris
        Public Arts Project Hudson River, New York and Thames River, London (in progress)

1997   School of Architecture Competition, Tours
        Maison Styltech Competition, Orléans
        Monument to the Victims of the Holocaust, Berlin (competition entry with artist Jochen Gerz)

1997   Cantos XCI, artist book with Rik Gadella (in progress)
        Renovation of housing block rue Drouot, Paris (completed 1998)

1998   French Embassy Competition Pretoria, South Africa
        EDF Maison Confort, Lyon (–1998)
        Renovation of entrances in apartment blocks, Bagneux
        Competition of apartments, Porte d'Asnières, Paris
        Townhall, Vienne

Exhibitions

1992   Architecture Foundation, London
        Edinburgh Arts Council, Edinburgh

1995   Netherlands Architecture Institute, Rotterdam

1996   VIe Mostra Internazionale di Architettura Venice
        Architectural Association School of Architecture, London

1997   Institut Français d'Architecture, Paris
        Arc en Rêve Centre d'Architecture, Bordeaux
        Minerva, MAK, Vienna

1998   Royal Institute of British Architects, London

1999   Archilab, France

Selected bibliography

1991: *Le Moniteur AMC*; 1992: *Abitare, Building Design; Le Moniteur AMC, Archis*; 1993: *AA Files, Assemblage, Bauwelt, Progressive Architecture* ; 1995: *de Architect, Space*; 1996: *AD Architectural Design, Profile, Arch+*; 1997: *Building Design, Design Book Review, L'Architecture d'Aujourd'hui, Le Moniteur AMC, RIBA Journal*; 1998: *Architektur & Bau Forum, Casabella*.

Publications by Nasrine Seraji-Bozorgzad

«Diversion,» in *The Architect Reconstructing Her Practice*, ed. Francesca Hughes, Cambridge, MA: The MIT Press, 1996; «Nexus-Atelier: Tools, Organization, Process,» in *ANYhow*, ed. Cynthia Davidson, Cambridge, MA: The MIT Press, 1998; «The architecture model,» in *Triumph der Phantasie: Barocke Modelle von Hildebrandt bis Mollinaro*, ed. Michael Krapf, Wien 1998.

Tectoniques

Practice founded in 1989.

TECTONIQUES
8, place Colbert
F – 69001 Lyon

Jocelyne Duvert

Born   1955

1980   Graduated from the École
        d'Architecture de Lyon

Pierre-Yves Lebouc

Born   1957

1988   Graduated from the École
        d'Architecture de Lyon

Max Rolland

Born   1961

1986   Graduated from the École
        d'Architecture de Lyon

1988-92 Architectural consultant for CAUE
        (Conseil d'Architecture and
        d'Urbanisme) in the Rhône
        Département

        Professor at the École d'Architecture
        de Lyon

Alain Vargas

Born   1959

1988   Graduated from the École
        d'Architecture de Lyon

        Professort at the École d'Architecture
        de Lyon

Selected works

1992   Interior design for Tectoniques office,
        Lyons (Rhône)

        Urban design competition Spreebo-
        gen, Berlin, project shortlisted until
        3rd round

1993   Student hall of residence, Lyons

1995   Headquarters for Agence de
        maintenance thermique du SIRA,
        La Verpillière (Isère)

1996   Entrance structure for Centrale
        d'Électricité de France, Bugey (Ain)

        Private house, Saint-Pierre de
        Chandieu (Rhône)

        Guesthouse for Ministry of Economy
        and Finances, Châtel (Haute-Savoie)

1997   Student hall of residence at ENSAM,
        Cluny (Saône et Loire)

        Competition for Costantini Museum,
        Buenos Aires, special commendation

1998   Électricité de France operations
        centre, Saint-Claude (Jura)

        Private house, Abbeville (Somme)

        Competition for customs office,
        Annecy (Haute-Savoie), organized by
        the Ministry of Finances

        «Maison confort électrique» Ideas
        competition, Électricité de France

1998-99 Amphitheatres and school rooms
        at European management school,
        Écully (Rhône)

        Health centre for the University of
        Medicine and Pharmacy, La Tronche
        (Isére)

        Old people's home, Rocher (Ardèche)

        Logistics centre for municipal
        workshops of the city of Lyons
        (Rhône)

        Refurbishment of the Électricité de
        France operations and transport
        centre, Écuisses

        Refurbishment of bird reserve, Villars-
        les-Dombes (Ain)

        Maintenance building, Versoud airport
        (Isère)

Awards and exhibitions

1989   Award-winner PAN Bureau (Plan
        d'Architecture Nouvelle)

1991   Albums de la Jeune Architecture,
        Ministry of National Infrastructures

1991   IFA – Institut Français d'Architecture,
        Paris, 40+40 architectes de moins de
        40 ans, shown at the Architecture
        Biennale, Venice (Italy), Düsseldorf
        (Germany), Houston (USA) and Kyoto
        (Japan)

1998   Special commendation at AMO (Archi-
        tecture Maîtrise d'Ouvrage) for
        Groupe d'exploitation clientèle
        d'Électricité de France, Saint-Claude
        (Jura)

Selected bibliography

Albums de la Jeune Architecture 1991, Paris:
Ministry of National Infrastructures, 1991; 40
Architectes de moins de 40 ans, Paris: IFA, 1992;
Une maison dans les sapins, *AMC Le Moniteur
Architecture*, June 1996; Entrée de la centrale du
Bugey, *AMC Le Moniteur Architecture*, July 1996;
La maison du mois: la maison dans les sapins,
d'Architecture 66, July 1996; Maison dans les
sapins, *Techniques et Architecture* 429, Jan. 1997;
Résidence étudiants à Cluny, *Archi Créé* 278,
Oct. 1997; Chalet contemporain, *Le Moniteur*
4891, 22 Aug. 1997; Baies vitrées en baie de
Somme, *Archi Créé* 281, Apr. 1998; La maison du
mois: influence américaine, *d'Architecture* 85,
July 1998; Une alternative à a boîte industrielle
dans le Jura, *Le Moniteur* 4951, Oct. 1998; Starter
Häuser/Starter Homes, Haus am Waldrand in
Saint-Pierre de Chandieu, Stuttgart: Karl
Krämer, 1998.

Tetrarc

Practice founded 1988 in Nantes.

Tetrarc
14, rue de Briord
F – 44000 Nantes

Michel Bertreux

1956   Born in Nantes

1982-84   Agence d´Etudes Urbaines de l´Agglomeration Nantaise

1984-88   Atelier de Recherche en Aménagement and Urbanisme, Nantes

1988   Graduated in architecture from UP, Nantes

Alain Boeffard

1956   Born in La Gacilly

1980   Graduated in architecture from UP, Nantes

1982-83   Technical consultant for Institute for Public Works, Algiers

1984-88   Worked for the Vienne regional facilities office, Poitiers

Claude Jolly

1955   Born in Villers-Semeuse

1975   Graduated in architecture and technology from Génie Civil Saint-Nazaire

1981   Architectural diploma from UP Nantes

1981-85   Agence d´Etudes Urbaines de l´Agglomeration Nantaise

1985-88   Designer Triglyphe, Nantes

Jean-Pierre Mace

1954   Born in Nantes

1981   Graduated in architecture from UP Nantes

1981-84   Cabinet du Crest de Villeneuve

1984-88   Cabinet Mussard, Assistant at Atelier du C.E.P. and at C.E.T.E. Ouest

Selected works

1989   Museum design and restoration of gardener's lodge, Clisson (– 1991)

Leisure facility La Mulonière, Orvault (– 1990)

Low-tension light transformers, Parc de la Bouvre-Bouguenais

Chiron store, Parc de la Bouvre-Bouguenais (– 1990)

1990   Public spaces for city centre, Pouzauges

Urban design for La Baule (– 1994)

Saint-Félix Lock, Nantes (– 1991)

Interior design for Breton museum, Quimper (– 1993)

Interior design for health school, La Baule (– 1991)

1991   Tramway station and covered market, Place Pirmil, Nantes (– 1992)

Rond Point du Zone d´Activités Oceanis, St. Nazaire (– 1992)

1992   Gymnasium La Collonière school, Nantes (– 1993)

Loyer/Jolly House, Nantes (– 1993)

1993   Antennae France Telecom, Bouguenais (realized)

Lock keeper's house, Nantes (– 1995)

Kindergarten and recreation centre, Nantes-Beaulieu (– 1995)

1994   Interior design for library, Saint Herblain (– 1995)

Extension of Carcouet secondary school, Nantes (– 1995)

Extension of Collège Aristide Briand, Nantes (– 1998)

Sports Centre, Nantes (– 1997)

Exhibition hall for carpentry art, Logis de la Chabotterie (realized)

Pedestrian bridge Prezegat, St. Nazaire (– 1995)

1996   Stations for first tramway line, Nantes (– 2000)

1996   Tramway stations, Clermont-Ferrand (– 2000)

Museum design and scenographics for Fenaille museum, Rodez (– 1997)

Cran Neuf interchange, St. Nazaire (– 1998)

1997   Competition for refurbishment of «LU» industrial site, Nantes

Sports hall, La Montagne (– 1998)

Restoration and museum design for abbey, Nieul-sur-l´Autize (– 1999)

Intermodal interchange point for Bénédictins railway station, Limoges (in progress)

Redon lock and Cran bridge (in progress)

1998   Refurbishment of old General Treasury, Nantes (in progress)

Competition for Museum of evolution and landscape, Venaria Reale near Turenne

Awards

Nomination for Prix de la Première Œuvre 1991 for St. Felix lock; Premier Prix de l´Architecture Publique en Anjou 1992 for Sports hall, St. Cyr en Bourg; Nomination for Prix de l´Équerre d´Argent 1993 for La Collinière Gymnasium

Selected bibliography

Art, recherche and création 8, 1990; *AMC LeMoniteur* 12, 1991; «40 Architectes de moins de 40 ans», IFA and Editions du Moniteur, Paris 1991; *Technique et Architecture* 3, 1992; *AMC LeMoniteur* 6-8, 1993; *D´Architecture* 10, 1993; *AMC Le Moniteur* 10, 1993; *AMC Le Moniteur* 12, 1993; *Architecture d´Aujourd´hui* 5, 1994; *L´Arca* 12, 1994; *Technique et Architecture* 6/7 1995; *Archicree* 7/8,1995; *Rassegna* 9, 1995; *Archicree* 10/11/1995; *AMC Le Moniteur* 12, 1995; *Deutsche Bauzeitung* 9, 1996; *AMC Le Moniteur* 12, 1997.

Illustration Credits
Crédits photographiques

All illustrations were provided by the architects.
Toutes les illustrations sont fournies par les architectes.

S. Demailly, pp 34–40
Philippe Duboy, pp 108–109
Georges Fessy, p 11, pp 82–88,
Jean-Marie Monthier, p 15, pp 112
Vincent Monthier, pp 66–72
Philippe Ruault, pp 76–81, p 122–129
Jaquline Trichard, p 110
Claus Käpplinger, pp 16–17
Phot R, p 12